森西·桑迪普·德赛先生与印度总理纳伦德拉·莫迪合影，并赠予纳伦德拉·莫迪总理一本自己的著作《太极》。

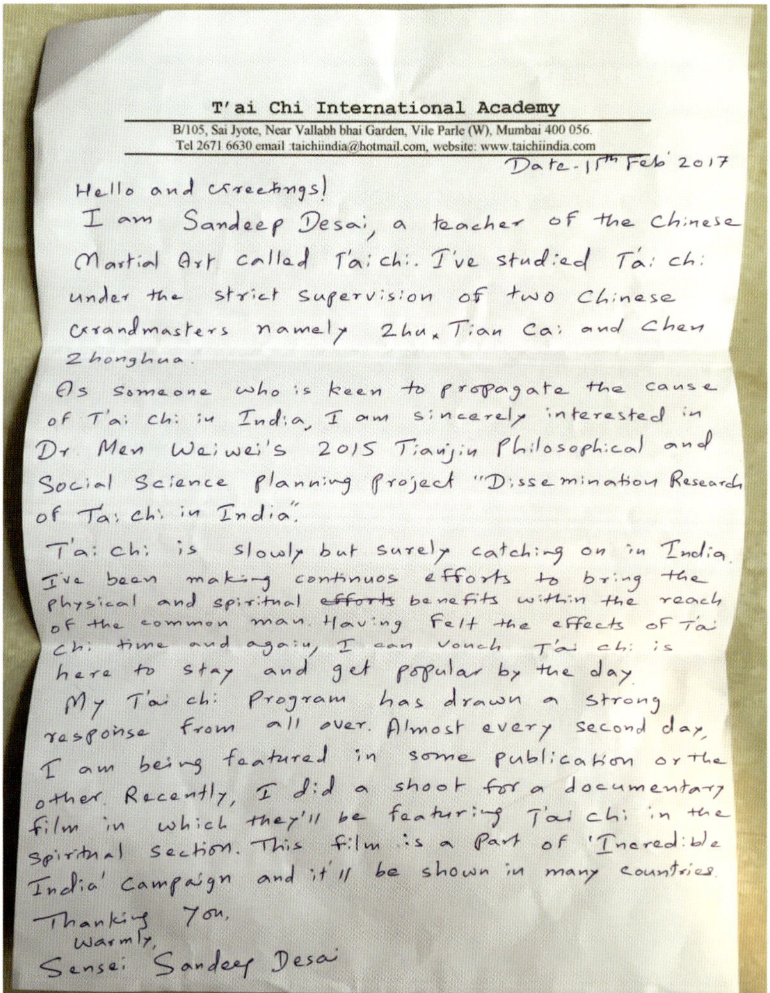

T'ai Chi International Academy

B/105, Sai Jyote, Near Vallabh bhai Garden, Vile Parle (W), Mumbai 400 056.
Tel 2671 6630 email :taichiindia@hotmail.com, website: www.taichiindia.com

Date - 15th Feb' 2017

Hello and Greetings!

I am Sandeep Desai, a teacher of the Chinese Martial Art called T'ai chi. I've studied T'ai chi under the strict supervision of two Chinese Grandmasters namely Zhu Tian Cai and Chen Zhonghua.

As someone who is keen to propagate the cause of T'ai chi in India, I am sincerely interested in Dr. Men Weiwei's 2015 Tianjin Philosophical and Social Science planning project "Dissemination Research of T'ai chi in India".

T'ai chi is slowly but surely catching on in India. I've been making continuos efforts to bring the physical and spiritual ~~efforts~~ benefits within the reach of the common man. Having felt the effects of T'ai chi time and again, I can vouch T'ai chi is here to stay and get popular by the day.

My T'ai chi Program has drawn a strong response from all over. Almost every second day, I am being featured in some publication or the other. Recently, I did a shoot for a documentary film in which they'll be featuring T'ai chi in the spiritual section. This film is a part of 'Incredible India' campaign and it'll be shown in many countries.

Thanking you,
Warmly,
Sensei Sandeep Desai

森西·桑迪普·德赛先生致笔者门薇薇的亲笔信

译　　文：

森西·桑迪普·德赛先生致笔者门薇薇的亲笔信

日期：2017年2月11日

你好！

我叫桑迪普·德赛，是一名太极拳（中国武术）老师。我在两名中国大师，朱天才和陈中华的严格监督下学习了太极拳。

作为一名热衷在印度传播太极拳事业的人来说，我对天津门薇薇博士于2015年天津市哲学社会科学规划课题“太极拳在印度的传播研究”真的非常感兴趣。

太极拳在印度的传播虽然缓慢，但是正在逐渐流行起来。我为将太极拳对身体与精神的益处带到普通人之中一直持续不断地努力。我曾多次感受过太极拳的功效，我可以保证，太极拳在印度会变得受欢迎的。

我的太极拳项目在各处都引起了强烈反响。几乎每两天我就会被一些出版物报道。最近，我为一个纪录片进行了一些拍摄，在这个纪录片中的精神单元将会展示太极拳。这个影片是“不可思议的印度”活动的一部分，它将会在很多国家放映。

谢谢你。

亲切地致意。

森西·桑迪普·德赛

笔者怀孕期间在北京大学参加谭中教授的讲座并给谭中教授献花

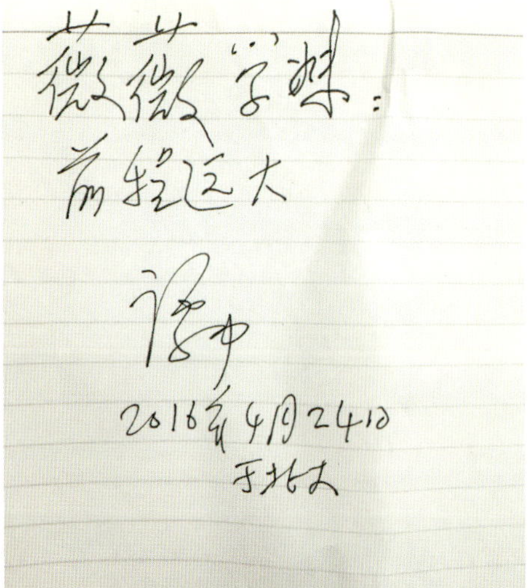

谭中教授给笔者的赠言

此书为天津市哲学社会科学规划基金项目
（编号：TJTY15-015；鉴定结果：A），
并在结题报告基础上修改后成书。

太极拳在印度的传播研究

门薇薇 著

天津社会科学院出版社

图书在版编目（CIP）数据

太极拳在印度的传播研究 / 门薇薇著. -- 天津 : 天津社会科学院出版社，2019.5
（体育文化研究丛书 / 杨珍主编）
ISBN 978-7-5563-0555-1

Ⅰ. ①太… Ⅱ. ①门… Ⅲ. ①太极拳—国际交流—文化传播—研究—印度 Ⅳ. ①G852.11

中国版本图书馆CIP数据核字(2019)第099450号

太极拳在印度的传播研究
TAIJIQUAN ZAI YINDU DE CHUANBO YANJIU

出版发行：天津社会科学院出版社
出 版 人：张博
地　　址：天津市南开区迎水道7号
邮　　编：300191
电话/传真：（022）23360165（总编室）
（022）23075303（发行科）
网　　址：www.tass-tj.org.cn
印　　刷：北京盛通印刷股份有限公司

开　　本：787×1092 毫米 1/16
印　　张：12
字　　数：200千字
版　　次：2019年5月第1版 2019年5月第1次印刷
定　　价：68.00元

目 录

摘　要

太极拳是中国武术不可缺少的重要内容,更是中华民族的瑰宝,具有悠久的历史和深厚的文化底蕴。在国际跨文化交流活动持续开展的过程中,太极拳凭借其集防身、修身、健身、养性于一体的优势,渐渐地被人们喜爱与推崇。如今数百个国家都在大力地推广与传播太极拳,然而研究太极拳国际传播方面的文献较少。印度作为长久以来和我国维持着密切合作关系和友好往来的国家,太极拳在印度的传播有利于两国之间增进互信、发展友谊和深化合作。本书的重要任务即为研究太极拳在印度的传播。

本书采用问卷法、访谈法和田野调查法等方法,针对太极拳在印度的传播情况进行研究。首先,本书就研究的背景、意义和目的进行分析,梳理并提炼相关文献,就太极拳、体育文化传播、国际化传播和瑜伽等进行总结分析。然后,针对太极拳在印度社会、高校等领域的传播情况展开叙述。在此基础上,本书尝试剖析问题成因,并将成因分为社会和高校两个维度。社会传播困境包括文化差异的冲突、传播媒介单一、传播内容狭隘、传播人才匮乏和太极拳文化神秘化等;高校传播困境包括师资力量不足、教学内容单一、教学方法简单等。接着,本书分析了印度瑜伽在我国成功传播的现状,从瑜伽的发展和推广情况等方面深入分析瑜伽的成功经验, 又在两者比较并且与实践结合中反观太极拳的传播。随后,本书分析了国内外太极拳的主要传播途径,主要针对高校、组织机构、竞技比赛和媒体网络等传播路径进行分析，进而剖析太极拳在印度的宣传推广情况。

结合以上研究内容，本书针对研究所发现的问题，多角度、多方位提出相应的太极拳在印度的传播对策。第一，注重太极拳人才培养，加强本土太极拳教师自身的中华文化修养，重视海外太极拳教师的教学反馈，加强传播人员的外文水平，形成双赢的人才培养机制；第二，充分发挥中文学校的优势，增加政策和资金支持，合理规划学校资源配置；第三，加强对太极拳拳法的创新与规整，加强太极拳套路的研究和创编，武术段位制，完善比赛制度和对教学成果的评价制度；第四，加强对太极拳外文翻译和教材编订，完善太极拳项目的外文翻译，编写分层、分段的太极拳教材；第五，注重太极拳与中国文化传播结合，深化拓展太极拳传播内容。

一、绪　论

1. 研究背景

经济全球化带动了文化全球化的发展,各国文化在全球化的过程中不断传播与发展,这不仅增强了世界各国之间的交流,也加强了彼此之间的文化了解及互助。由于各国文化存在显著差异,在文化传播的过程中难免出现互斥的局面,但同时也可以在各国文化之间找到互补的部分,这不仅可以增加彼此之间的认同感,还可以增加跨文化交流的渠道。文化在传播中不断融合与碰撞,多元文化的局面逐步形成。

2011 年,在党的十七届六中全会上就已提出"文化强国"策略,党和政府致力于振兴、继承、发扬我国优秀传统文化,增强文化软实力。2017 年,习近平同志在党的十九大报告中提出,"文化是一个国家、一个民族的灵魂。文化兴国运兴,文化强民族强。没有高度的文化自信,没有文化的繁荣兴盛,就没有中华民族的伟大复兴。要坚持走中国特色社会主义文化发展道路,激发全民族文化创新创造活力,建设社会主义文化强国。"如此,不仅可以让中国更好地走向世界,彰显中国文化实力,更能顺应文化全球化的发展潮流。

太极拳在中国具有悠久的历史,其主张人与自然的和谐统一,融合了儒家、道家中的哲学思想。人们练习太极拳除了追求强身健体的目的，还将其视为一种教育方式，在运动中感受生命与自然的和谐。作为一种饱含东方哲学与理念的运动形式，太极拳在东西方文化交流中脱颖而出。

名人称赞太极拳的事例有很多。周恩来总理认为太极拳作为中国优秀传统文化的代表，内涵十分丰富，充满哲理，认为练习太极拳可以强身健体、陶冶情操，有延年益寿的功效。原国际奥委会主席萨马兰奇也赞成太极拳是中国文化的代表之一，他认为太极拳是中国文化走向世界的一个重要渠道，可以让世界更好地认识并了解中国。

随着全球化一体化的发展，以日本柔道、韩国跆拳道、美国拳击、印度瑜伽为代表的各国体育项目不断走出各自的国门，广泛地在国际上传播。这些体育项目在中国也深受人们欢迎，而太极拳如何在文化全球化中保持优势地位，如何以更稳定、更持久的形式传承发展，是我们迫切需要解决的问题。在此过程中，我们还要注意太极拳在跨文化传播中可能遇到的障碍以及人们多元化的需求，以防出现“传而不通”的情况。

总而言之，太极拳不仅是一个健身项目，更是我国优秀传统文化的代表之一。因此在传播太极拳的过程中，我们需要制订合理的战略、策略，使太极拳得以良性传播、发展，使中国优秀传统文化得以弘扬。

2017 年习近平同志再次强调“一带一路”倡议的重要性，这不单单指经济上的共商、共建、共享，也意味着文化上的交流。加强文明交流互鉴会开展更多的体育交流活动。位于南亚次大陆的印度与我国在文化方面的相互交融，必定会为 21 世纪全球文化事业谱写新的篇章。相信在此过程中，太极拳将成为中印双方文化交流的重要方式。

本研究根据太极拳在印度传播过程中遇到的问题和困难，结合印度的文化和独特的社会背景，在以往传统传播模式的基础上，对太极拳在印度的传播过程中的每个细节进行具体分析，并借鉴印度瑜伽国际传播的成功经验，将蕴含中国传统文化的太极拳简单化、灵活化,做到因地制宜、因时制宜,增强太极拳的国际适应能力,提高受众的兴趣,使太极拳在印度能更广泛地传播。笔者团队在传统传播学的研究基础上,深入印度30余座城市进行田野调查,利用访谈、走访的方式,搜集第一手的信息和资料,撰写访谈实录。

2. 研究意义

太极拳是当今中国家喻户晓的健身运动,是中国传统文化和技艺的结晶。太极拳最早可以追溯到明朝初年,之后其拳法经过不断的发展,已经从最初的简单拳法发展成完整的套系拳法,从初步到成熟。尽管太极拳基本形成的规范和标准已经可以满足人们多元化的需求,但由于健康养生已经越来越受到世界各地人们的重视,太极拳进一步规范化和标准化仍是迫切需要解决的重大难题。

本书对太极拳在印度传播的基本情况进行了调查,为太极拳在印度的进一步推广提供经验,还为其他中国优秀传统文化在印度传播提供传播模式的支持和借鉴。通过对各方面的分析、归纳、总结,得出太极拳在印度传播的现状并针对其传播困境提出对策及建议;丰富太极拳在印度传播的研究内容,为太极拳的国际传播提供理论支持和实践支持;促进太极拳的国际传播,增进文化交流,扩大中国文化的影响力,为中国软实力的建设提供理论和实践的保障。

3. 研究目的

本书选取印度作为太极拳传播的研究地点,是因为印度和中国国土相接,两国之间自古就有文化交流。印度作为长久以来和中国维持着密切往来的国家之一,太极拳在印度的推广有利于两国之间增进互信、发展友谊和深化合作。

通过对太极拳在印度推广情况的研究，主要希望能够达到以下目的：首先，立足于文化全球化背景，调查分析太极拳在印度的传播现状，并在此基础上找到主要的影响因素，并对影响因素进行剖析；然后，将承载中国文化的太极拳与承载印度文化的瑜伽进行对比，说明太极拳在印度推广的有效路径；最后找到相应对策，让理论可以在实践中得到更好的发挥并起到一定的指导作用。

二、文献综述

1.太极拳研究综述

太极拳运动作为我国优秀传统文化的代表,古往今来不乏对其的研究。很多太极拳名师根据自身的实践经验对太极拳进行了论述分析,逐步形成较为专业的著作,不仅可以用来指导练习拳法,更作为重要参考文献构成我国传统文化研究的一部分。

其中,最具典型意义的代表便是《陈氏太极拳图说(珍藏原版)》[①],该书不仅仅对基本拳法进行图文讲解,更对太极拳法的理论精髓进行阐述。此书分为四部分:第一部分是关于基本拳法讲解;第二部分是基本理论概述,其中有集中阐述太极拳的图文以及相关的经谱论文,更有关于拳法的图文讲说理论与心决;第三部分阐述了和太极拳相关的文化理论,包括《周易》和人体经络图谱;第四部分主要是对太极拳发展过程中的相关论文进行评述,包括《太极拳谱题词》以及附录中《陈英义公传》《陈仲甡传》等。《陈氏太极拳图说(珍藏原版)》作为一本全面介绍太极拳的发展、理论以及拳法架构的系统性专著,不仅为我们提供太

① 陈鑫:《陈氏太极拳图说(珍藏原版)》,山西科学技术出版社2006年版。

极拳发展的理论和依据，而且为人们学习太极拳给予更好地指导，此书因此成为我国太极拳专著的典型代表。

关于太极拳的专著，较为典型的还有《沈寿·太极拳文集》《武派太极拳体用全书》《千思百问太极拳》《徐震文丛·太极拳考信录》《徐震文丛·太极拳谱理董辨伪合编》以及《太极拳谱》等。作者沈寿在《沈寿·太极拳文集》①中主要从客观的角度说明对太极拳及其拳理精髓的认识和见解。因为作者在诠释过程中始终站在客观角度，不谈主观想法，使得此书不仅有较高的可信度，也为后人研究太极拳提供了学术上的参考。《武派太极拳体用全书》②通过对武派太极拳的起源、发展进行详细的梳理，概括出武派太极拳的特点以及学习要领，并且是通过图解说明武派太极拳拳势。与其他太极拳专著相比，《武派太极拳体用全书》第一次以理论化的方式对拳法进行说明，为太极拳发展提供理论依据。此外，作者吴文翰首次提出太极拳可以作为教育的一种方式，形成育人文化。《千思百问太极拳》③采取问答的形式，从不同层次和角度对太极拳进行说明，例如从学术文化视野及医学的角度等对太极拳的源头发展以及作用功能等进行全面阐述，并且定义了太极拳的内涵和特点。需要指出的是，《千思百问太极拳》中第一部分便将太极拳上升到中国传统文化的高度，对太极拳的性质进行辩证思考，认为太极拳是中国武术的瑰宝，并且因其"天人合一"的思想在武术上的表现，因此太极拳本身蕴藏着养生和技击的双重内涵，可以称之为"哲拳"。同时作者在书中提出要拯救中国传统文化代表（太极拳），但是这显然不是一个轻松的话题。作者认为抢救太极拳首先要了解太极拳的深刻内涵，并且在此基础上进行深入地发掘和了解，才能更好地传承文化。

---

① 沈寿：《沈寿·太极拳文集》，人民体育出版社2005年版。

② 吴文翰编著：《武派太极拳体用全书》，北京体育大学出版社2001年版。

③ 高壮飞、若水：《千思百问太极拳》，中国海关出版社2005年版。

《徐震文丛·太极拳考信录》[1]与《徐震文丛·太极拳谱理董辨伪合编》[2]一起被誉为权威之作。徐震在《徐震文丛·太极拳考信录》中主要对太极拳的源头以及发展过程进行考察,而《徐震文丛·太极拳谱理董辨伪合编》主要对相关文献资料进行整理并且对其给予自身的判断。这两本书通过实证考查,为我国后人研究太极拳提供实证依据和经验,是难得的专著精品。

《太极拳谱》[3]作者是王宗岳,这部拳谱收集了各家各派的拳法图解以及理论文章,共包括140篇理论文献,被誉为内容最丰富、种类最齐全的太极拳谱。此书最大的成就在于其最早建立了完整的理论体系,其理论体系以太极阴阳学说为中心,在哲学家们分析的基础之上辩证地提出自己的想法和见解,并且对构成太极拳的基本因素进行了比较分析, 做到了将古典文化与传统武术文化相结合。《太极拳谱》是我国太极拳拳谱的集大成者,是太极拳发展道路上的指路明灯。

关于太极拳的研究除专著之外,还有很多论文可以考证。近年来,以太极拳研究为主题可以在期刊上找到3000余篇论文, 这些文献可以整理为以下几个方面。

1.1 太极拳的历史发展研究

太极拳源头及其发展趋势是近年来学者们比较关注的议题,学者们分别从不同的研究视角对其进行了分析。在《太极拳的传播与民族传统体育发展》[4]中,作者认为太极拳之所以能够广泛传播,根源就在于其具有健身价值,并且在传播过程中可以让人们感受到中国传统文化,极大地满足了人们对于健康以及娱

---

① 徐震:《徐震文丛·太极拳考信录》,山西科学技术出版社2006年版。

② 徐震:《徐震文丛·太极拳谱理董辨伪合编》,山西科学技术出版社2006年版。

③ 王宗岳等:《太极拳谱》,人民体育出版社1995年版。

④ 但爱兰、李晓红:《太极拳的传播与民族传统体育发展》,《武汉体育学院学报》2004年第5期,第42—44页。

乐的双向需求。在《关于太极拳发展动力问题的研究》[①]中,作者认为太极拳能够发展是有动力因素促成的,因此作者对这些可能的动力因素进行剖析,认为太极拳的发展首先源于健身价值的定位,而能够促进太极拳从古代发展至今的主要内在动力源于其深厚的文化意蕴,而不断发展的太极拳理论又为太极拳繁荣提供了基础。中国政府一直大力支持推广太极拳,为太极拳发展提供了重要保障。此外,太极拳具有独特的社会功能在无形中也起到了促进作用,而究其根本原因,还是在于人们对于太极拳文化不断地继承、发展和创新,例如举办竞技交流活动便是鼓励太极拳文化交流创新的典范。

在《竞赛规则的演变对推动太极拳发展的意义》[②]中,作者根据太极拳规则的整体发展历史得出结论, 认为竞赛规则的制定对于弘扬太极拳有重要意义。作者认为竞技太极拳和传统太极拳不同,规则的产生和制定使得太极拳进一步走向竞争化,也更利于其走向世界舞台。

1.2 太极拳的健身领域研究

关于太极拳在健身领域的研究是太极拳研究内容中最常见的方向。在这一主题下,研究对象从大学生到老年人,研究范围从人的生理结构到心理层面,横向研究、对比研究和纵向研究,研究形式广泛且多样。

姜娟、郭志禹在《太极拳健身文化及其科学基础——现代太极拳运动之延年益寿篇》[③]中为太极拳的健身文化内涵找到了科学依据。文章从“心静体松”“气遍身躯”“足定根基”三个方面进行思考,为论证太极拳具有延年益寿功能搭

① 张铁刚、赵红波:《关于太极拳发展动力问题的研究》,《山西师大体育学院学报》2006年第21卷第4期,第51—53页。

② 杨静、王建华:《竞赛规则的演变对推动太极拳发展的意义》,《体育文化导刊》2007年第1期,第52—54页。

③ 姜娟、郭志禹:《太极拳健身文化及其科学基础——现代太极拳运动之延年益寿篇》,《上海体育学院学报》2002年第4期,第39—42页。

建了初步理论框架，并尝试运用现代语言来注释太极拳的健身功能。除了此篇文章，翟少红在《从以人为本的角度探讨太极拳的锻炼价值》[①]中从人的基本需求出发，认为太极拳的种种功能都是以满足人的基本需求为出发点和落脚点，因此在研究太极拳时应当注意太极拳具有多元化功能，既要突出太极拳的健身、娱乐价值，又要在推广太极拳过程中注意到人们之间的差异，做到以人为本，突出个性化的引导。作者认为，太极拳能够充分发挥其功能价值，关键在于明确大众的需求和价值观并能够以此为导向行事。

在《太极拳：现代人紧张情绪的动态缓冲剂》[②]中，作者将研究对象的活动具体化，通过分析人们在练习太极拳过程中的动作轨迹、精神风貌、运动速度等，认为人们在练习太极拳时与日常生活和工作存在明显的差异。太极拳的练习者可以更好地协调身心健康，并且可以有效缓解因忽视运动过程而带来的不利影响。因此在文章中，作者提出应当采用正确的方法练习太极拳以应对目前激烈的市场竞争，这样才能实现身心平衡及生活与工作的协调。

在《太极拳运动对中老年女性心理健康的影响》[③]中，作者通过对长期练习太极拳的中老年女性进行调查研究后发现，坚持练习太极拳可以明显降低焦躁，形成良好的心境，提高锻炼者的心理品质并调节精神面貌。在《太极拳对现代人心理调节的作用》[④]中，作者基于太极拳的起源、运动要求和基本理论论证练习太极拳对于人心理的作用，认为人们练习太极拳可以有效地缓解在生活和工作中存在的心理困扰，达到"天人合一"的状态。这主要通过心理的协调机能

---

① 翟少红：《从以人为本的角度探讨太极拳的锻炼价值》，《西安体育学院学报》2006年第6期，第48—50页。

② 李宁、董业平：《太极拳：现代人紧张情绪的动态缓冲剂》，《武汉体育学院学报》2006年第11期，第48—50页。

③ 陈新富、刘静、邱丕相：《太极拳运动对中老年女性心理健康的影响》，《上海体育学院学报》2005年第5期，第78—82页。

④ 王岗：《太极拳对现代人心理调节的作用》，《武汉体育学院学报》2001年第1期，第107—108页。

发生作用。

在《太极拳对老年人的健心机制》[①]中,作者以老年人为研究对象,认为太极拳作为传统的一种拳术运动深受老年人喜爱,不仅因为其简单好学,是一种有氧健康的运动方式,更因为其可以有效地改善老年人的精神面貌,提高自尊心和独立性。在文章中作者还特别强调了练习太极拳对治疗老年人焦虑、抑郁的功能。

在《太极拳对中老年人心理健康状况影响的实验研究》[②]中,作者采取多种测量和统计方法进行实证研究,通过设立锻炼组和对照组进行实验调查。作者发现:太极拳对老年人心理健康有重要的积极作用,其影响包括生理、心理和社会因素,这些因素相互影响。同时作者在测量中发现,对照组中人们的认知能力不同,两组的认知能力都是随年龄的增长而下降。长期坚持练习太极拳的老年人心理会更健康。

在《太极拳对老年人NK细胞的影响》[③]中,作者主要选取年龄在55岁到65岁之间的城镇妇女进行研究。通过实证研究,作者发现经过半年练习太极拳的妇女血液中的NK细胞含量多于普通妇女, 并且练习一次太极拳就可以明显发现受试者血液中NK细胞含量增加, 因此可以认为练习太极拳对老年人NK细胞有显著影响,这有助于提高老年人的免疫机能。

在《太极拳锻炼对大学生身体机能的影响》[④]中,作者选取38名大学生作为研究对象,并且男女比例适当。38名学生进行为期12周的太极拳锻炼,并且测量锻炼前后期间的体重、肺活量等为代表的六项具体身体素质指标。通过身体素

---

① 田桂菊:《太极拳对老年人的健心机制》,《武汉体育学院学报》2003年第1期,第169—171页。

② 吕晓标、卫志强、张楠楠:《太极拳对中老年人心理健康状况影响的实验研究》,《中国体育科技》2006年第5期,第112—115页。

③ 王晓军:《太极拳对老年人NK细胞的影响》,《北京体育大学学报》2004年第27卷第5期, 第644—645页。

④ 陈福刁、陈浩庆、张帼雄:《太极拳锻炼对大学生身体机能的影响》,《沈阳体育学院学报》2006年第4期,第121—123页。

质指标衡量，作者认为，太极拳锻炼可以促使人们的身体向更好的方面发展，并且在身体塑形等方面可以发挥有效的作用。

1.3 太极拳的技术研究

太极拳是中华武术具有代表性的一种运动，除对其历史发展和健身功能的研究之外，人们对于太极拳技术的研究也从未终止过。《太极拳技术体系发展研究》[①]便是其中的一篇文章。作者主要描述了太极拳的项目特征、目前发展及相应对策。通过对该文章的阅读，读者可以了解到太极拳发展所遇到的困难：没有专门性的组织来负责这项传统武术的管理及发展、没有一套成型规范的动作体系来在全球推广。文章在总结中建议，为了太极拳的发扬和推广，应该建立一个权威的国际太极拳机构，并且建立独立的太极拳段位制，推广相关联赛活动，加强对后备人才的培养，制定长远的规划，最终达到弘扬太极拳的效果。

除此之外，《太极拳3种高度架势的确定及控制》[②]也对太极拳做过针对性的研究，作者主要描述了太极拳中的3种动作要领，并通过多种调查研究方法对其进行综合性分析，最终开创了一种新的运用系数结合个人身高的方法来详细划分相关姿势。这种方法具有极高的可行性，不仅可以将太极拳进行有针对性的划分，而且方便练习者根据自己的实际情况做出相应的选择。

为了能够使太极拳爱好者更好地在练习过程中了解某些动作的技术要领，《对太极拳推手过程的力学分析》[③]一文从科学理论的角度为读者做出了专业的解读，通过数据让读者更加直观地了解其中的细节；通过物理计算方法，使用传统的$Ft=m(v-v_0)$公式，理论、把数据和具体动作讲解相结合，全面地阐述了太极拳相关动作要领。

---

① 董刚强、曹琼瑜：《太极拳技术体系发展研究》，《搏击（武术科学）》2006年第3期，第28—30页。

② 周雷、王健、吴飞、林小美：《太极拳3种高度架势的确定及控制》，《中国体育科技》2005年第3期，第103—104页。

③ 蔡金明：《对太极拳推手过程的力学分析》，《北京体育大学学报》2003年第3期，第345—346页。

太极拳博大精深，许多的细节都有深刻的意味。蔡金明先生通过对盘架子的长期研究写出了《对太极拳盘架子问题的思考》①，该文以先前的拳谱为基础分析了太极拳运动中盘架子的相关问题，对中正问题、呼吸问题和内气问题等做了针对性的讲解，十分通俗易懂。

1.4 太极拳的养生研究

郭志禹先生在太极拳养生上颇有建树，写出了《太极拳养生文化考》②。太极拳在经过后人的不断改进发展后，具有可以"贯通一气"的特点。太极拳讲究的是四两拨千斤，在动中求静，这是一种突破传统观念的养生方法。该论文通过对太极拳相关动作的分析，讲述了其中所蕴含的养生知识。

目前针对太极拳养生的研究越来越多，这得益于人们对中国优秀传统文化的热爱以及生活水平提高后对自身健康状况重视。陈晓莺在经过系统调查研究后写出《太极拳"内养"方法之研究》③，文章指出，加强体育锻炼，特别是练习太极拳，不仅可以舒筋活络还能够使"生命之气"得到一定的修炼，长时间的练习有利于改善身体素质。

1.5 太极拳的教学研究

我国历来非常重视青少年的身体素质。为了能够进一步增强青少年体质，使青少年了解中华传统武术，北京市将太极拳引进了学校。为了更好地配合教学，使用与太极拳相关的教材。在该过程中为了提高教学质量，由何英、徐伟军、段全伟的《对北京市精品课程〈武术〉（太极拳）建设的思考》④对相关课程做了分

---

① 蔡金明：《对太极拳盘架子问题的思考》，《武汉体育学院学报》2004年第1期，第129—131页。

② 郭志禹：《太极拳养生文化考》，《上海体育学院学报》2004年第2期，第49—52页。

③ 陈晓莺：《太极拳"内养"方法之研究》，《体育与科学》2002年第5期，第7—9页。

④ 何英、徐伟军、段全伟：《对北京市精品课程〈武术〉（太极拳）建设的思考》，《北京体育大学学报》2007年第9期，第1247—1250页。

析，详细地对有关课程的优缺点进行了点评，并提出了具有针对性的建议。

没有压力就没有动力。要想将太极拳更好地弘扬下去，就必须制订一系列目标，在相关的教育教学过程中，使学生能够进一步了解我国这一传统武术项目，增强他们对太极拳的具体认识，将书本知识和实际的运动练习相结合，增强体质。对此，《高校体育教育专业太极拳目标化教学方式探析》①具体论述了目标化教学方式的好处。目标化的提出给教师增加了一定的教学压力，使他们在日常讲授过程中更加认真地去传授相关的理论知识及动作要领，以便提升整体教学水平。此外，目标化还是提高学生学习积极性的关键。

传统的教育教学以教师教授为主，教育方法单一，抑制了学生的主观想象能力。为了解决这个问题，杨敏通过具有针对性的调查分析后写了《表象训练方法对太极拳教学效果的影响》②，该文强调在讲授太极拳时要对以往的教育模式做出创新，要根据实际情况做出针对性的传授。将表象训练方法放在太极拳的传授里，可以充分地发挥学生的想象力，使他们的主观能动性得到有效发挥，在教学质量得到保证的同时，激发学生的学习兴趣和学习热情。

1.6 太极拳的文化研究

中国武术文化博大精深，其中蕴含着武学、哲学等方面的深层次知识。太极拳不仅是一项运动，更是一种文化。邱丕相、王岗通过《走进主流社会的中国太极拳文化》③讲述了他们心中的太极拳文化。太极拳现如今已经越来越多地融入人们的生活中，闲暇时刻打上一段，可以放松、愉悦身心。该文章将太极拳作为文化来分析，并阐述了其内在的价值和理念。

---

① 沈剑英、刘钦龙：《高校体育教育专业太极拳目标化教学方式探析》，《上海体育学院学报》2006年第2期，第101—104页。

② 杨敏：《表象训练方法对太极拳教学效果的影响》，《体育学刊》2002年第5期，第68—69页。

③ 邱丕相、王岗：《走进主流社会的中国太极拳文化》，《北京体育大学学报》2006年第12期，第1603—1605页。

阮纪正经过对太极拳的深入了解后写出了《太极拳的文化内涵》①,总结出太极拳三大特点,分别是松静为本、以柔克刚和阴阳相济。在对这些特点进行相关阐述的同时讲述其中的文化内涵。杨玉冰、刘玉萍、杨柳欣的《太极拳创生新论》②阐述了太极拳的创生是传统技击文化和引导养生文化融合的产物。杨静在《论太极拳理论的文化渊源》③中也明确提出了这项武术运动蕴含着大量的文化精髓。

上文中提到的关于太极拳文化的一系列论文只是我国当前太极拳文化研究中有限的研究资料,为了清晰地阐述其中的观点而做了分类列举。明显能看出的是,刚刚列举的文献都是相关作者经过自己的细致实践和研究写出的,这是非常宝贵的财富,有利于我们更加全面、更加深入地了解太极拳。不过,我们从文献中可以发现,作者们在讲述太极拳的相关特点时,并没有对其中蕴含的文化做过多描述,对文化的系统研究也就更无从谈起。但是这些文献资料给本次研究提供了多种思路。

1.7 太极拳的流派研究

笔者在对网络上各大学术文献数据库进行查阅后发现,至成稿时,关于太极拳的文章总量有近17000篇,这里面有一万多篇是阐述太极拳的文化,不过讲述其发展演变的文章不超过100篇。作者对太极拳从不同的角度做出了具有针对性的阐述,但更多将重点放在了其文化以及当前的发展形势上,关于太极拳流派以及发展演变的资料相对缺乏。

太极拳是中华武术的精髓,目前涉及其流派的相关代表性资料如下:梁安

---

① 阮纪正:《太极拳的文化内涵》,《岭南文史》2002年第2期,第38—44页。

② 杨玉冰、刘玉萍、杨柳欣:《太极拳创生新论》,《北京体育大学学报》2008年第10期,第1434—1436页。

③ 杨静:《论太极拳理论的文化渊源》,《北京体育大学学报》2008年第5期,第706—707页。

祥[①]通过对杨氏太极拳的调查研究发表了对近代太极拳流派的研究述评，在这其中对相关的流派做了一定整合，并阐述了自己的观点。王国权在《浅议太极拳流派及其动作原理》[②]中，阐述了这项武术运动与辩证法之间的紧密联系。赵丙祥在实验的基础上，总结对比了几个涉及太极拳流派的一些招式、套路、相关技术要领以及文化内涵。赵丙祥对特定地域对太极拳做了具有针对性的研究，在《祖业与隐修——关于河南两个太极拳流派之谱系的研究》[③]里面描述了河南的一些相关宗教习俗，并将其结合到他对太极拳的研究中，发现了许多传承现象。通过上面的相关文献能够发现，这些太极拳的专家通过对太极拳全方位描述，有利于读者更好地了解太极拳的相关知识。

太极拳经历了多年发展，其拳种也在不断地更迭。目前有许多关于研究该问题的文献资料：在研究过太极拳的具体技术要领及体系后，邵夏、李吉远发现了我国武术动作中包含着文化，文化潜移默化地推动着武术的发展，二者相辅相成。上述内容在《近代以来社会变革视野下传统武术的文化抉择》[④]里面做出了详细地介绍。古往今来，文化历来是百花齐放，特别是当代社会，新文化对传统文化的冲击十分强烈，如何在这种文化大背景中发展太极拳是传承人必须面对的一个问题。如何正确对待不同派系的争论，以王晓东为代表的学者对此问题做了相关解读。众所周知，中华武术的拳种及派系繁多，怎样去深入了解这一源远流长的技艺是众多学者正在研究的问题，对此，张培福提出了从文化角度去挖掘其中的渊源，在《从文化传统的视角剖析武术流派的形成》[⑤]里面，他对此

---

① 梁安祥：《近代太极拳流派研究述评——以杨式太极拳为切入点》，《少林与太极（中州体育）》2014年第7期，第12—17页。

② 王国权：《浅议太极拳流派及其动作原理》，《商情（教育经济研究）》2008年第4期，第117页。

③ 赵丙祥：《祖业与隐修——关于河南两个太极拳流派之谱系的研究》，《民俗研究》2012年第2期，第84—100页。

④ 邵夏、李吉远：《近代以来社会变革视野下传统武术的文化抉择》，《西安体育学院学报》2012年第29卷第4期，第477—480页。

⑤ 张培福：《从文化传统的视角剖析武术流派的形成》，《搏击（武术科学）》2009年第1期，第5—6页。

问题做了详细的描述，指出想要清晰明了地看透各武术派别的演变过程，就需要了解我国的文化环境，在当时的大背景下有什么样的历史事件发生、人们的生活情况如何。掌握了这些知识便能够更加深入地了解我国传统武术的发展过程。一个武术派别的产生和发展会受到多种多样的因素影响，在对我国传统拳种演变问题的研究时，姜惠注重对其影响因素的发现总结并得出了自己的理解方法，他在《关于武术流派形成因素的研究》[①]中表示，中国地大物博，各个武术派别之间有很大的地域以及文化差异，因此不同地区的武术派系便产生了不同的技法要领，所展现的特点以及推崇的要点也不尽相同，而且通常情况下，各种武术技艺只在师徒内部进行小范围的传承，这就导致各武术派系的技艺传播不够广泛。

我国地域宽广，各个区域之间因为地理位置等一系列因素的不同导致相关文化略有不同。武术的发展离不开文化，张建新就是在此基础上对传统武术的流派和演进展开了研究，最终得出结论认为，任何一种武术的发展演变都在一定程度上受到了文化的影响，从我国文化发展过程便可以推断出相应武术技艺的演变过程。《论文化变迁视野下传统武术的流变与演进》[②]明确指出，任何一种经典的武术都是从一个细小的动作开始的，在其逐渐发展过程中，一直受到文化的感染，武术动作所表现出来的东西能够体现当时的文化内涵，这也说明，武术的演变受到了文化及社会环境的影响，在不同的文化及社会背景下会产生不同的武术类别。文章最后得出结论，任何一种武术以及流派的产生，都是由特定的社会环境以及文化背景造成的，我国古代社会形态一直处于不断变化之中，各种文化也层出不穷，在此基础上武术流派不断演变，动作和特点也会发生变化，这在一定程度上能够反映出当时的社会文化状况以及人们的价值取向。所

① 姜惠：《关于武术流派形成因素的研究》，山东师范大学2006年硕士论文。

② 张建新：《论文化变迁视野下传统武术的流变与演进》，成都体育学院2012年硕士论文。

以，以历史文化发展过程为基础对武术流派的演变进行调查研究才是一条正确的道路。

从一个简单的技术动作到一套完整的拳法再到最后人们熟知的太极拳，这其中经过了许许多多的演变，而这其中的关键之处则是技术动作以及其前后传承过程中的理论。吕蒙[①]结合技术动作方面的资料文献对太极拳的发展走向做了相关的分析，认为太极拳想要发展壮大、得到更好地弘扬，就必须要有自己全面综合的理论体系，按照当前文化大环境的规律特点合理发展，使更多的人认识到太极拳的好处，进而渴望了解这项武术活动。周雯艳[②]在对太极拳的发展进行探究后认为，该拳法的拳理基于中国古典哲学的阴阳学说，从侧面反映出太极拳的精妙。经过上述各位专家学者关于太极拳的阐述，我们可以大致了解太极拳的演变过程，但这些文献大都是以时间顺序来进行阐述，经常忽略掉在这项传统武术技艺中所蕴含的动作以及文化内涵的发展。所以，在今后的研究调查中应该注意避免这些问题再次发生，全面细致地对太极拳进行深层次研究。

结合以上所提到的研究资料能够发现，当前国内涉及太极拳研究的相关文献虽然较多，不过大都以时间为主轴来描述其演变和发展，涉及具体流派以及发展过程的文献比较匮乏。在今后的研究过程中应该结合现存的门派做具有针对性的对比，全面深入地对其发展演变做出探索研究。

① 吕蒙：《从技术体系的演变论太极拳的发展走向》，《中华武术（研究）》2012年第1卷第1期，第65—67页。

② 周雯艳：《辨析太极拳起源及演变》，《兰台世界》2010年第13期，第60—61页。

2. 体育文化的传播概述

2.1 国内研究综述

方法、方式、途径、手段这四个词语的意思相近，但又各不相同。通过翻阅字典，我们能清楚地认识到这四个词语的区别。方法特指解决各类问题的门路和程序；方式指语言上和动作上所采取的方法和形式；途径就是指路径，传播途径即思想或者事情扩散开来的路径；手段是利用具体的方法以达到某种目的。通过上述解释，我们可以明显看出，方法和手段的共同点都是扩散行为所利用的载体，途径和方式的共同点均包含人们利用一些方式和办法来扩散消息以及有关的一切社会活动。与太极拳传播有关的研究工作大多以强身健体和太极拳技法为重点，其中有关传播的文献不太多见，能找到的相关文字描述都以论文为主，关于太极拳传播研究方面的图书仍然是一项空缺。

20世纪80年代的中国，逐步兴起了文化研究的热潮。以此为背景，程志理、韩丹、熊晓正、吕树庭、梁进等学者开始了他们的体育研究，其中主要涉及体育的内涵、性质、组成部分、发展历史、中西方在体育方面的异同点以及发展路径比较等。程志理①提出，体育如果归类在文化方面就可以视之为体育文化，其以社会发展、政治形态、经济运作、文化传承等为背景探讨体育跟文化之间的关联，分析社会运作机制之中体育文化的出现与状况，尤其是体育活动中的民族意识、思维方法和集体价值观念。值得注意的是，虽然早在20世纪80年代就有学者提出了“体育文化学”这一学术名词，但从客观角度分析，关于体育文化的探讨从开始持续到20世纪末都以文化方面的对比为核心，多是研究其概念性的问

① 程志理：《体育文化问题的初步探讨》，《福建体育科技》1996年第1期，第7页。

题,因此没有形成一门学科。

跨入21世纪之后，我国文化事业出现一系列重大突破:2003年举行了全国文化体制改革试点工作会议;2005年底下发《中共中央、国务院关于深化文化体制改革的若干意见》;2009年,我国第一部文化产业专项规划《文化产业振兴规划》诞生。在2011年,党中央更是举行了以“深化文化体制改革、推动社会主义文化大发展大繁荣”为主题的十七届六中全会。通过以上努力和党中央的领导,我国在文化方面的探索和建设真正达到了一个新的高度,构建文化的热情将我们的工作推向了高潮。

2017年10月18日,中国共产党第十九次全国代表大会明确提出,要坚定文化自信,推动社会主义文化繁荣兴盛。习近平同志在党的十九大报告中强调,文化自信是一个国家、一个民族发展中更基本、更深沉、更持久的力量。文化兴国运兴,文化强民族强。没有高度的文化自信,没有文化的繁荣兴盛,就没有中华民族伟大复兴。要坚持中国特色社会主义文化发展道路,激发全民族文化创新创造活力,建设社会主义文化强国。发展中国特色社会主义文化,就是以马克思主义为指导,坚守中华文化立场,立足当代中国现实,结合当今时代条件,发展面向现代化、面向世界、面向未来的,民族的科学的大众的社会主义文化,推动社会主义精神文明和物质文明协调发展。要坚持为人民服务、为社会主义服务,坚持百花齐放、百家争鸣,坚持创造性转化、创新性发展,不断铸就中华文化新辉煌。

关于文化的研究者不断增加，使得体育文化再度出现在我们视野范围内,有关体育文化的探索分析再次引发了学者们的兴趣,因此,研究领域里发生了许多微妙的变化:大大小小的研究组织如雨后春笋般涌现出来,它们的成立使得各类学术活动纷纷开展起来。例如,2006年,国家体育总局文史工作委员会更名为国家体育总局体育文化发展中心,从名称上就能让人明显感觉到体育文化的崛起;2007年由国家体育总局体育文化发展中心号召并建立的国家首批关于体育文化的研究基地，在全国范围内的15所院校内应运而生，并以飞快的速度发展壮大，仅仅五年时间研究基地的数量便已经达到44家；2011年于北京举办了中国首届体育文化博览会；2012年又于西安举行了首届全国体育文化优秀论文报告会，与此同时，出现了大批涉及体育文化领域的硕士以及博士论文，并取得了许多突破。

有关体育传播的探索状况：在起步方面，体育传播学的兴起要稍微晚于体育文化的出现，大体出现时间是21世纪初。根据调查资料显示，在20世纪下半叶，我国与体育传播相关的文章，在中国期刊网中只能搜索到7篇。自21世纪以来，这一研究领域有所发展，如今在中国期刊网的搜索栏中输入"体育传播"这一关键词，可以出现上百篇论文。但是值得注意的是，并非所有的研究都会冠以体育的名称，这样的例子非常常见。以我国关注度较为广泛的篮球和太极拳的传播以及并不被大多数人熟知的棒球和板球在传播方面的问题为例：以体育传播作为主要内容的学位论文和各种著作大批涌现于21世纪初。由这些著作可以明显看出，研究报告的主体和主要成果无一例外都与中国的武术和我们民族中传统的体育文化具有相关性。

其他各类体育运动在传播状况方面的学位论文和发表的作品都很少，但就其分析和探索方面来说，都被学者们深入研究过了。20世纪80年代末期，起源于朝鲜半岛的跆拳道就列入了奥运会比赛项目。杜利军①及时发现了这个研究点，并对跆拳道进入国际视野的过程和发展情况进行了详细的研究。到今天为止，有许多中国学者都对跆拳道在国际范围内广泛流传的原因及过程有极大的研究兴趣，并进行了深入的研究。例如：郑斗汉的《韩国跆拳道与中国武术竞技项目的国际化发展对比研究》②和成百千的《韩国武道馆市场营销分析及武术推广

① 杜利军：《跆拳道在国际上的发展现状》，《中国体育科技》1991年第11期，第45—46页。

② 郑斗汉：《韩国跆拳道与中国武术竞技项目的国际化发展对比研究》，北京体育大学2005年硕士论文。

方案研究》[①],都对跆拳道走向世界的过程进行了探索。篮球这项运动深受世界各国人民的喜爱,关于篮球在世界范围内传播的研究可谓多如牛毛,现在已经取得了极为丰富的研究成果,并且,很多学者已经将篮球的传播上升到文化发展层面,详细阐述了其发展的过程。2007年,福建师范大学的张卓熙[②]在其硕士论文中,深刻挖掘了中美两国篮球文化传播由于不同文化内涵而遇到的问题。除了上述几种广受人们好评的外来体育运动项目,对于在传播中并不顺利的项目,我国的学者并没有进行深入研究。例如棒球和板球,虽然这些运动在美洲以及澳洲等地深受人们的追捧,但在我国,它们并没有引起大多数人的兴趣。这些项目虽然在大陆的传播中碰壁了,但台湾学者张世强依然以棒球文化为研究目标,对其深入研究并提出了别具一格的理论成果。他的研究成果体现在其2010年的三篇论文(《棒球在美国社会中的宗教向度》《美国棒球世界中的族群融合神话与现实》《美国棒球电影发展的文化省思》)和2012年的两篇论文(《美国棒球与板球发展消长之谜》《棒球起源神话与美国例外主义》)。

根据体育文化在全世界广泛流传的研究表明:虽然从很久以前开始,体育文化就已经在国际范围内大规模传播,并在许多国家开展了具体的传播活动,产生了诸多影响,但对于上述这种文明以体育的形式开展大范围传播扩散活动的细致探讨时间并不长,还远远滞后于体育文化实践的脚步。通过分析相关的资料,我们可以得出结论:由于在传播学、社会分析、文化传播以及人类文明研究方面的理论较为详尽深入,体育学中关于将中国传统体育文明向外传播的想法在很短的时间内就引起了大家的共鸣,并取得了一定的成绩。值得注意的是,对于上述方面已形成的研究主要是以武术为研究对象。

下面开始分析环境对于文化传播的影响。2010年,张君贤[③]从全球一体化角

---

① 成百千:《韩国武道馆市场营销分析及武术推广方案研究》,湖南师范大学2009年年博士论文。

② 张卓熙:《文化领导权:中美篮球文化的跨文化传播研究》,福建师范大学2007年硕士论文。

③ 张君贤:《全球化时代中国武术的生死抉择:或者对话,或者死亡》,《搏击(武术科学)》2010年第7卷第12期,第5—7页。

度出发，阐述了中国武术如何走出国门，面向世界。他提出：我们的武术文化已经进入全球范围之中，由过去外国人眼中的神秘文化发展为中西方传统文化交流的内容。此外，也有许多学者隐约觉察到了世界一体化带来的民族意识的“反攻”。2009年，王润斌等人①提出：全球一体化在某种程度上减缓了民族主义思想的扩大，但是从另一方面来说，全球化会给众多还不发达的国家带来先进的技术、外资和新的发达的文明，这些东西会使发展中国家的人民对于国家富强产生渴望，因而又形成了新的更强大的民族意识。2010年，任其怿等人②则是以更直观的方式指出，由于全球化进程进一步加快，发展中国家会越来越担心外国文化对本国的文化渗透，因此他们必将采取措施，在增强本国经济和国家实力的同时，大力弘扬民族传统，希望借此切实保障本民族文化的健康。

由上述的讨论可知，体育文化在全球传播中所面临的最主要问题是全球化以及民族主义崛起。在传播内容上也有许多学者进行了分析。2011年，王国志③提出，创新是我国武术文化走向世界的必经之路，只有在赋予武术更多的文化内涵之后，再利用科技添加相应的灯光、音效并使其与舞蹈、音乐等文化相借鉴、融合，才能真正推动武术文化的交流、进步与发展，才能真正赢得受众。2007年，马剑等人④认为，当下武术竞技的国际化主要是通过国家聘请优秀教练和运动员的方式。栗胜夫等人⑤提出从武术传播的角度出发，应当先遵循其段位制的相关内容，其次才是太极拳等竞技类型武术的套路模式以及其他类别的健身体

① 王润斌、陈民盛：《全球化语境中的民族主义与奥林匹克运动》，《北京体育大学学报》2009年第32卷第8期，第11—13页。

② 任其怿、王维佳、刘倩、李慧茹：《浅论民族主义在全球化背景下的新变化》，《内蒙古大学学报（哲学社会科学版）》2010年第42卷第4期，第119—125页。

③ 王国志：《武术·影视武术·中国武侠电影》，《中华武术（研究）》2011年第1卷第1期，第41—43页。

④ 马剑、邱丕相：《对武术实存的评析与反思——兼议武术的发展》，《体育科学》2007年第5期，第92—96页。

⑤ 栗胜夫、栗晓文：《全球价值链视域下的中华武术对外发展战略思考》，《体育科学》2011年第3期，第13—21页。

育项目。值得引起我们关注的是,李秀[①]针对太极拳在马来西亚传播的过程及遇到的障碍开展了详细分析。他指出,上述所提及的段位制的引入,使得太极拳得以在马来西亚蓬勃发展并达到现有的规模和程度。由此可以明显看出,在不同的地区施行相同的策略是行不通的,只有因地制宜才能推动传播的速度和广度。

针对文化传播的问题,应当以推动传播的思路为主要研究目标。于翠兰[②]提出,推动我们的武术文化走向世界舞台的最主要动力是变革与创新,这一点要比创办任何武术学校或者组织更能改善武术传播的现状。与此同时,武术创新也包含了结合中国文化创造简单易学的具有健身疗效的武术套路,提高其观赏功能。赵歆[③]则提出,传统意义上的武术凝结了中华文化的精髓,这是现代武术的精华的来源,这是不能随意更改的部分。刘小学等人[④]经过对欧洲地区中华体育文化传播状况的调查,得出其在传播类别方面的特点。他提出,我国的武术项目在获得欧洲国家官方认可之后,要增加文化形式的丰富度,严格把控输出文化的质量,将我们最具魅力的一面展现给欧洲各国人民。除此之外,还需要听取更多观点。温力[⑤]提出降低传播过程中情感内涵的附着,重点落在传播的目的上,即吸引更多的关注度。当我们的武术文化当中囊括了本土化的元素,才能真正走入外国本土人民的生活。但在朱佳斌[⑥]看来,结论恰恰相反。他提出,文化要想走出国门,就要先根植在本国人们的内心,加大本民族的认同感,最终才能形成强有力的影响力。在传播的方式上也有很多学者发表意见。田学建等人[⑦]认

① 李秀:《百年精武体育在马来西亚的发展及影响研究》,《黄山学院学报》2011年第5期,第96—100页。

② 于翠兰:《论竞技武术形式与内容的归流和创新》,《武汉体育学院学报》2005年第12期,第97—99页。

③ 赵歆:《全球视野下武术文化的国际拓展》,《武汉体育学院学报》2012年第5期,第55—57页。

④ 刘小学、许寿生:《中国民族传统体育在北欧的传播研究》,《体育文化导刊》2012年第9期,第123—126页。

⑤ 温力:《民族的文化精神和武术的对外交流》,《武汉体育学院学报》2008年第7期,第31—35页。

⑥ 朱佳斌:《国学视野下中国武术的学科归属问题研究》,苏州大学2010年硕士论文。

⑦ 田学建、邱丕相:《全球化视野中传统武术发展策略研究》,《中国体育科技》2007年第5期,第49—52页。

为,传统武术的精华部分往往是扎根在民间的艺术,是不能通过技术的传播而走向世界的。高小军[①]提出了武术走向世界的几个途径:第一,文化部门发动驻外使馆推广文化的传播;第二,通过教育部门与国外各种组织合作创立相关机构;第三,通过外交部门的访问与交流,与各国之间进行文化交往。朴一哲等人[②]提出,通过建立中文学校的方式,可以将中华传统文化标志植入外国文化土壤之中,这是一种极好的传播方法。借助中文学校的支撑,我国的武术文化也能轻松地被外国所接受。宋海燕[③]也提出了相似的观点,她觉得汉语博大精深,其魅力足以吸引外国普通人民和学者的关注,将武术和文化"打包"推广完全可行,这也是应当实施的战略。但同时也有反对的声音。张杰等人[④]通过对美国地区太极拳传播方式的研究发现,孔子文化作为传播媒介,并没有对体育文化的传播起到预计的推动作用。调查数据显示:在美国,太极拳的学习地点超过大半是私人建立的教馆,而在中文学校中的学习者仅占4%左右。

2.2 国外研究现状

针对体育文化的综合研究有如下著作。斯基拉托(Tony Schirato)在他的著作《理解体育文化》中把体育文化和社会联系到一起,书的内容很全面,分别从人们对于运动的深入理解、体育具有的暗示功能、体育的观众以及媒体、体育实现全球化以及体育的变迁史等各个方面来讲述体育文化,让我们能够更全面深刻地认识体育的重要性并感受体育的魅力。另外,《理解体育文化》还包括非常多的不同的体育文化之间冲突以及融合的具体案例,并指出了体育文化在将来

---

① 高小军:《武术产业之路》,《环球体育市场》2010年第2期,第56页。

② 朴一哲、杜舒书:《基于孔子学院模式的武术文化国际传播研究——以韩国为例》,《沈阳体育学院学报》2010年第1期,第125—128页。

③ 宋海燕:《汉语国际推广与武术的国际化传播》,《新闻与传播研究》2011年第24期,第36—37页。

④ 张杰、徐伟军:《太极拳在美国跨文化传播的质性研究》,《北京体育大学学报》2013年第36卷第11期,第50—55页。

的发展方向。除此以外，加尔维（Grant Jarvie）在他的著作《体育、文化和社会》中从社会的角度来解读体育文化，他把体育及体育文化看作是社会和社会文化的一部分。《体育、文化和社会》主要的讨论内容就是体育分别与媒体、全球化、身体、教育、种族以及环境等多方面之间的关系，进而阐述体育就是社会文化的一部分以及体育是如何以社会文化的一部分的身份融入社会的。莱尔顿（James Riordan）和克鲁格（Arnd Kruger）共同著有《欧洲体育文化》一书，该书主要描述了欧洲的体育文化的历史、现状以及整个变迁过程，他们认为，19世纪以后，欧洲的体育文化仍然面临着多元化的挑战。大卫·罗（David Rowe）著有的《批判性读本：体育，文化和媒介》，给研究分析体育文化的相关学者提供了大量真实、典型的案例，比如：对广告效果的社会学分析、不平等的延续以及垒球和棒球的网站信息等。可见，当我国对于体育文化的研究还停留在界定"体育文化"时，国际上对体育文化的研究则是更加注意其社会存在，研究更加深入和透彻。

针对体育文化全球化的研究有如下著作。作为英国杜伦大学教师的理查德·朱利亚诺蒂（Richard Giulianotti）写有一篇名为《全球化与体育：跨国规模》的文章，在文章中他以垒球、板球为例，分析研究了体育全球化以及各跨国公司影响运动员的方式方法。2009年，他又写了《全球化与体育》一书，在2010年在《体育文化导刊》发表了该书的一个章节，主要包含了以下几个方面与体育全球化之间的关系：网球奥运会、消费文化、媒体、赞助商四个方面。米勒·托尼（Miller Toby）发表的文章《运动和全球化》，讨论了跨国公司对于体育界资本输入和管理的问题。美国的阿密特·古普特（Amit Gupta）发表了文章《体育全球化：非西方国家的兴起和对全球体育事务的影响》，认为西方的国家一直在垄断国际体育，他们基本主导着所有国际体育的决策、比赛规则、场地甚至是电视转播的时间。笔者认为，全球化的进程已经无法阻挡，已经有很多非西方国家渐渐参与到国际体育的相关决策和活动中来，国际体育的权利结构以及决策权会发生一定改变。

新西兰的斯蒂文·杰克逊(Steven Jackson)表示,不能单纯地把全球化看成是文化帝国主义或者是本土文化抵制文化帝国主义。他认为,全球化应该就是国家以及地区之间全方位、自由地进行物质、人员和服务的交流与沟通,而不应该是某个国家占领或控制全球政治、经济和文化。

拉夫堡大学的教师艾伦·贝尔纳(Alan Bairner)发表的《全球化与体育:民族的反击》从民族精神的角度来讨论问题:大多数人都以为体育领域内的全球化会更明显一些,因为当代运动员进行跨国转会已是司空见惯的现象。但是,贝尔纳却并不完全认同,他觉得应该用一种更加谨慎的态度来看待这个问题,仔细思考一下,当获得胜利以后运动员身披国旗在场地周边慢跑时,运动员、观众以及国家的心理感受是什么样的呢?这会怎样影响着体育以及国家和体育之间的关系呢?甚至,罗兰·罗伯逊(Roland Robertson)创造出全球本土化(glocal)这一单词,以此来表达民族化和全球化的融合。该词也被很多学者引用。

肯尼迪大学的莱尔(David Lyle Light Shields)则具有与众不同的想法,他把体育的全球化和军国主义联系起来。他认为,研究和平与冲突的人从体育运动中可以进行竞争与侵略及运动员之间的道德推理,另外,在由男性主导的那些运动中还可以研究男性社会结构。莱尔建议将分析体育当作和平教育的案例。

俄亥俄大学的艾瑞克·A.瓦格纳(Eric A. Wagner)认为世界体育在将来会出现同质化,他的研究和弗朗西斯·福山在体育上的观点非常接近。瓦格纳发表了《亚洲和非洲的体育:美国化还是全球化?》一文,表示不能认为世界体育美国化,而应该是世界体育全球化。体育运动的相似性要比差异性明显得多。体育贸易由于受到文化扩散的影响正向着很多不同的前进方向,而且,它们传播的各种各样的殖民方式、价值判断以及历史背景等会让体育越来越同质化。

凡红发表的文章《民族主义、东方主义、全球化:亚运会》[①]深入分析了亚运

① 凡红:《民族主义、东方主义、全球化:亚运会》,《体育学刊》2007年第9期,第39—40页。

会，认为我们东方的文化圈具有包含自己特色的思维模式以及传统文化，亚运会成功地把武术等包含东方文化色彩的体育项目送上了世界舞台。科尔(Peter Kell)著有《好的运动：澳洲体育与公平竞争的神话》，他说："体育对于澳洲人来说，远远不是一种团结的源泉……澳洲的体育一直以来都是一种分裂的源泉和一个排他的场所。体育加强了对于外来者的焦虑和恐惧……强化了对澳洲的亚洲邻居尤其是中国的非理性的恐惧。"乔尼(Jone Nauright)著有《体育文化和南部非洲的身份认同》，他在书中分析了在南非的黑人和白人体育习惯以及活动方式的不同，进而讨论了南非由于体育文化而带来的身份问题。马圭尔(Joseph Maguire)著有《亚洲体育：政治、文化和身份认同》，他在书中分析了亚洲的文化以及政治环境，表示体育文化深深地影响着亚洲人的身份认同。

针对体育文化在国际传播的研究有如下著作。在1997年，皮特·维尼·托马斯(Peter Wynne Thomas)所著的《板球史：从威尔德到全世界》，从政治和社会角度来探讨板球的起源，分析板球从"神话"发展到新的地区并最后发展壮大的过程。在1999年，温迪·瓦尼(Wendy Varney)在《板球：从帝国到全球化》一文中介绍了在板球国际传播的初期，传播者以及传播结果受到殖民思想影响。在2017年，博瑞雅·马珠穆达(Boria Majumdar)和肖恩·布朗(Sean Brown)共同发表了《为何是棒球？为何是板球？不同的民族主义、不同的挑战》，文章阐述了棒球的传播历史，主要讨论当板球在大英帝国和英殖民地广泛传播时却绕过了美国，美国可以将棒球这个发源于英国的运动发扬光大，却唯独不喜板球。阿密特·古普特从体育多元化的角度探索了印度板球的发展，表示印度板球的兴起和国际板球脱离西方开展起来，这都是非西方国家崛起的有力证明。事实上，还有更多的人关注着足球以及篮球等更加全球化的运动在国际上的传播以及媒体在其中的作用。比如色拉米就分析了土耳其的球迷使用的新媒体(主要是分析了一些社交软件)，结果显示，球迷们往往就是利用社交网络来关注和支持自己喜欢的球员以及球队的。

3. 国际化传播相关研究

太极拳可以在一定程度上代表我国的传统文化,不同的文化都在进行国际传播时,太极拳也成了研究热点。张杰深入地分析了太极拳传播到美国的情况和太极拳与文化之间的关系,研究了太极拳在西方进行传播的效应,并得到以下的结论:从思维上来看,东西方文化就有很大的不同,不过,两者间既有矛盾也有一定的共同点,这样才使得太极拳能够在西方传播;太极拳是用身体来体味的文化形式,其中心就是和谐;此外,作者还分别从管理制度角度、物质角度以及核心价值角度来分析太极拳在西方传播的策略。

孙喜莲、余晓惠等发表的《太极拳的国际传播与中国软实力的提升》[①]主要是以传播学为基础,提出以推广我国优秀的传统文化来提升我国的文化软实力,并分析研究了太极拳在国际上的传播,提出一个可以在国际上推行太极拳的方案。但文章中针对太极拳传播是从我国的角度出发,并没有考虑到跨文化的影响因素。

杨祥全和杨祥国发表的《太极拳国际化发展的传播学思考》[②],从传播学的角度出发,提出了太极拳在国际化传播时需要注意地方:注重培养太极拳方面的高素质人才,着重研究太极拳在国外受哪些人的喜爱,建立和完善太极拳国际化的追踪体系以及效果评价体系,让太极拳的核心吸引力得到进一步加强,深入研究分析太极拳的文化和技法。

刘小学等人发表了《中国民族传统体育在北欧的传播研究》[③],文中引用了

① 孙喜莲、余晓惠、梅林琦、陈伟、刘永红:《太极拳的国际传播与中国软实力的提升》,《武汉体育学院学报》2008年第6期,第72—75页。

② 杨祥全、杨祥国:《太极拳国际化发展的传播学思考》,《天津体育学院学报》2004年第2期,第62—65页。

③ 刘小学、许寿生:《中国民族传统体育在北欧的传播研究》,《体育文化导刊》2012年第9期,第123—126页。

邵培仁的“整体互动模式”以及德国G.马莱茨克的大众传播过程模式，把中国民族传统体育项目的发展也放到模式中去，然后从整体上来观察、分析、研究其传播过程，给本文提供了较好的启示。

陈威等人在论文《孙氏太极拳传播的研究》[①]中以传播学为基础，较为系统和深入地对孙式太极拳的传播方式、现有问题以及解决方案进行了分析。孙式太极拳的传播方式为：“师徒制仍是最基本的方式，同时，还有一些太极拳公益性组织参与。”但是，这是指在国内的传播，其中“公益性组织”更有利于太极拳在国际上的传播，而“师徒制”则不太适合在西方传播，一是因为“师徒制”效率低，传播范围小；二是西方文化更加注重自由，“师徒制”是有门规的，是有限制的，西方人可能难以接受。

郭玉成出版的《武术传播引论》[②]，书中第四章讲的就是“武术传播个案研究”。在这个章节中，郭玉成表示太极是最容易传播的，具有传播优势的太极拳已经形成完善的体系，能够独立存在，且操作简单，内容具体。太极拳不仅在国内深受大家喜爱，在国际上也广为人知，颇具知名度。这当然离不开国家的鼓励政策，但是更加重要的是其本身具有的特点，既可以很好地体现我国的文化内涵，“拳种”也利于传播。

北京体育大学的邵军重点研究了太极拳的国际传播，并于2011年发表《太极拳运动在国外》表示，太极拳之所以能够广泛在国际上传播就是因为现在的生活方式带来了一系列的社会问题尤其是健康问题，太极拳这项运动柔和并且内外兼修，刚好可以满足外国人的需要；之后，邵军又发表了《太极拳国际化和人口老龄化》，这篇文章主要将太极拳国际化和人口老龄化联系到一起，视角独特，为本研究提供了独特的理论思路。当然，也有人对于太极拳存在的问题做了研究。

① 陈威、徐伟军：《孙氏太极拳传播的研究》，《中国体育科技》2009年第2期，第69—74页。

② 郭玉成：《武术传播引论》，北京体育大学出版社2006年版。

《太极拳在青年群体中的传播和推广策略研究》[①]的作者杜菁菁主要分析研究了太极拳在青年群体中的传播情况，提出了一套独特的传播构想：先是要学习《道德经》，因为《道德经》和太极拳的基本理论均为"以静制动，以柔克刚"，之后确定新的太极教学方案，最后利用机构来传播太极拳。本文提出了一些问题，并且针对发现的问题提出了可行的解决策略。

陈威在《孙氏太极拳传播的社会调查》[②]中也提出：孙式太极拳没有积极主动地传播，应该加强对传播者的培训，尽量多地培养专职的传播者；尽量多地应用文字和电子媒介来传播；打破师徒制，开拓传播途径；不要因为传播途径等客观因素影响到受众范围；体育部门应在政策上提供支持。燕侠在《澳洲传播太极拳的北京人》[③]中介绍了在澳大利亚传授太极拳的北京人李洪源，是他让太极拳得到澳大利亚人民的认可，这正说明了一个优秀的传播者对于太极拳文化传播的重要性。詹华宁在《改革开放以来太极拳传播者的探析》[④]中把传播者理解为"大众传播的发送者"，传播者对于文化传播非常重要，他们是文化信息的载体，更是实现整个传播过程的基础，是太极拳传播体系中的第一要素。而且他还表示，现在中国武术协会等社团机构通过大力发展，逐渐成为传播太极拳的重要力量。但是，这些组织具有的特殊性质也在一定程度上影响着太极拳的传播。

但爱兰、李晓红在《太极拳的传播与民族传统体育发展》[⑤]中表示，我国在发展民族体育项目时，不仅应该让人们注意到其娱乐的功能，也应该让人们了解其健身的功能。孙卓艺、贾健民在《太极拳国际化传播与发展的理论思考》[⑥]中从传播学出发，结合具体情况做了深入研究和分析，建立了一个太极拳国际化传

① 杜菁菁：《太极拳在青年群体中的传播和推广策略研究》，福建师范大学2012年硕士论文。

② 陈威：《孙氏太极拳传播的社会调查》，北京体育大学2007年硕士论文。

③ 海侠：《澳洲传播太极拳的北京人》，《中华武术》2001年第4期，第43页。

④ 詹华宁：《改革开放以来太极拳传播者的探析》，《体育世界(学术版)》2010年第11期，第42—43页。

⑤ 但爱兰、李晓红：《太极拳的传播与民族传统体育发展》，《武汉体育学院学报》2004年第5期，第42—44页。

⑥ 孙卓艺、贾健民：《太极拳国际化传播与发展的理论思考》，《辽宁体育科技》2004年第3期，第58—60页。

播系统，从理论上分析了该系统的各个要素和相关功能。作者指出，太极拳国际化传播系统主要由传播者、传播内容、传播渠道、受传者以及传播反馈组成，各个要素之间是相互关联的。并且作者认为，太极拳在国际上进行传播的管理和规划可以参考利用太极拳国际化传播系统。王汝尧等的文章《提高大学留学生太极拳水平，促进武术国际传播》中分析了太极拳在高校中的传播，提出了多项传播太极拳的有效措施：在高校培养一个浓郁的武术健身氛围、在课堂上丰富教授动作的方式方法、吸引留学生来学习中国的武术文化、督促懂太极的大学生帮助留学生学习太极拳等，这些对于中国武术在世界上的传播非常有意义，可以在一定程度上加快我国武术在国际上的传播速度。留学生一般都对中国的传统文化非常感兴趣，向他们传播武术文化正好可以满足他们了解我国传统文化的意愿，更容易让他们接受。张玉丰在《跆拳道的发展历程对太极拳推广与传播的启示》[①]中建议我国在传播太极拳的时候可以参考跆拳道的传播方式。王亮华和李胜恒在共同发表的《制约太极拳国际化传播的因素探析》[②]中，总结了两个制约太极拳发展传播的因素：一是社会环境等外因，二是传播系统等内因。作者对比分析了瑜伽和健身气功，对太极拳和两者做了深入详细地对比，主要包括文化背景、练习要领、历史渊源、项目性质、功法特点、养生理念、健身功能以及其推广发展等。从不同的角度出发，分析研究得到的结论也有很大的差异。《制约太极拳国际化传播的因素探析》提出传播模式要因地制宜，要具体情况具体分析。一定要加强对传播者综合素质的培养，要改变传播者传统的传播思维模式。除此之外，还有很多因素限制着我国太极拳文化的传播，比如我们传播的内容并没有满足国外受众的需要，受众及其知识水平、文化差异以及语言沟通

① 张玉丰：《跆拳道的发展历程对太极拳推广与传播的启示》，《和田师范专科学校学报》2009年第2期，第235—236页。

② 王亮华、李胜恒：《制约太极拳国际化传播的因素探析》，《体育科技文献通报》2010年第1期，第121—122页。

等方面存在一定的问题、国内外的媒体对传播太极拳没有足够重视、宣传力度不够等因素。因此,要想使我国太极拳文化在国际上得到更好的推广还有很多工作需要做。

在众多的研究太极拳传播的文章中,有一篇独树一帜,那就是胡赛风和张文建共同发表的《关于太极拳传播受众的研究——兼论太极拳的理性传播》①。文中分析总结了太极拳能够受到大家喜爱的原因(太极拳集健身性、知识性、团体性以及娱乐性于一身),当然,在面对具有的不同需求的不同群体,还是要结合实际情况来普及和传播太极拳。现在社会人口老龄化的现象愈发严重,传播者要注意分析老年人的需求和喜好,在开发太极拳各种套路时,也要研究分析太极拳所具有的技击性。当然,这只是作者对老年群体中一部分受众进行分析后提出相关的建议。另外还有两篇文章是从传播媒介的角度来分析太极拳的,一篇是王勇等人发表的《现代传播媒介对太极拳发展的影响》②,该篇文章主要分析了现代的传播媒介在太极拳文化传播过程中的正面意义以及负面影响,作者总结了现在传播媒介对太极拳传播的负面影响主要有以下两点:降低了我国太极拳的文化感觉,让很多人将太极拳误认为是老年人群体的一项运动,让太极拳的创造力大幅度降低。孟祥太发表了《浅析现代传播媒介对太极拳发展的影响》③一文,文章认为太极拳是以现代媒介为主、组织传播为辅的传播方式传播,相关媒介主要有:网络、杂志、报纸、广播、书籍以及影视等,这些媒介可以快速准确地把太极拳文化传播出去,是太极拳传播中非常好的大众路线。炊遂堂的《论传统太极拳传播方式的转型》④是针对太极拳的传播模式的研究,文章认

① 胡赛风、张文建:《关于太极拳传播受众的研究——兼论太极拳的理性传播》,《搏击(武术科学)》2006年第4期,第30—31页。

② 王勇、余方亮、齐行亮:《现代传播媒介对太极拳发展的影响》,《科技信息(学术研究)》,2008年第3期,第548—550页。

③ 孟祥太:《浅析现代传播媒介对太极拳发展的影响》,《搏击(武术科学)》2006年第3期,第34—35页。

④ 炊遂堂:《论传统太极拳传播方式的转型》,《体育学刊》2008年第7期,第110—112页。

为太极拳传播的局限性主要在于其以门派为载体，进行的是线性传播。传统的太极拳是完整的一个系统，应该深度挖掘并传播其健身意义，并且保护其流派师承、传统文化等内容。若要打破局限性，就要顺应市场经济快速发展的潮流，进行产业化的转变，走流派师承的传播方式和市场经济控制的俱乐部运营模式相协调的道路。

综上，分析了前人在太极拳跨文化传播中做过的研究和分析，可以发现多是理论研究，缺乏实证。尤其是针对太极拳运动特别的传播路径研究不够，关于其在国际上的传播路径研究就更少了。

4. 瑜伽研究概述

“瑜伽”是梵文“yoga”的音译之词，是指印度的一种传统健身法，不仅能让人的身体变得健康，还让人的心情变得平和，进而实现人与自然的和谐统一。另外，“瑜伽”一词还具有“连接、结合”的意味，即把人的身体和精神连接到一起，把人与自然、人与宇宙结合为一体，这也是瑜伽深层的含义以及其最终目的，瑜伽提倡通过冥想来解除精神紧张，达到修身养性的目的。

瑜伽不仅仅是一项运动，更是一套成熟的哲学体系。现在人们都将瑜伽视为一种健身塑形的运动，就是利用拉、伸、扭等各种动作来锻炼人的身体，包括筋骨以及肌肉以此来增强人体的柔韧性，并提高人体的各项机能。现代人在练瑜伽的时候更加关注的是这项运动对我们身体的影响，但是我们也应该知道，瑜伽绝非简单的几个动作，我们更需要注意的是在运动中尽量身心合一，这才是练习瑜伽的精髓。

瑜伽与我国健身运动比较研究是瑜伽研究领域的重要内容，但是对二者文化传播方式进行分析的内容较少，和晓华在其硕士论文《印度瑜伽健身术与中国古健身术相通点之研究》[①]中提出以下观点：现今的瑜伽练习不仅可以使人体的整个生理系统得到有效调节(包括内分泌系统、骨骼、经脉以及肌肉)，而且能够保持人们健康的体型以及仪态。由于瑜伽是通过练习呼吸法、体位法以及静坐达到修身的目的，因此广受人们认可。和印度瑜伽健身术进行横向比较可以发现，我国古健身术与其之间存在许多相同点，包括：生理分析、产生来源、呼吸锻炼法以及动作原理等。练习我国古健身术可以给人带来许多好处，例如：在保持修身养性的状态基础上能够使自身的道德上升到一个新的水平，并且能够通过锻炼身体去除疾病。这也就是说我国古健身术是以性命双修为核心开展的，具体实施方法为调身、调息以及调心。从这些方面可以看出它与印度瑜伽术可以起到相同的健身作用，因此论文提倡进一步推广我国古健身术，具体实施方案需要做到以下几点：一，尽量选择人群聚集的地方开展活动，如广场、公园等；二，为吸引更多人群参与到活动中来，应对其优势进行大力宣传；三，政府应当对活动给予适当的支持，通过引导使更多的群众了解古健身术的益处；四，通过推广古健身术发扬光大中华民族传统文化。

姜小平详细比较了健身气功与瑜伽的文化背景并进行了理论分析，他在《中国健身气功与印度瑜伽之比较研究》[②]中总结出以下结论：瑜伽和气功存在的差异在于前者具有美容养颜的功效并对塑造身姿有着明显的效果，但是二者在修炼和理念上存在着许多相同之处，包括精神模式、修炼方法、辅助物品、服装以及环境在内的几方面都表现出相似的特点，而且都认为即人体中存在着经络和气。气功和瑜伽都是通过达到静的状态来休养生息的，只不过前者放松身体的方式是调心调息，不如后者进入状态的速度快。另外和练习气功不同，瑜伽对任何人群都是适用的，而没有合适的音乐做辅助，我国的太极拳就不容易被

---

① 和晓华：《印度瑜伽健身术与中国古健身术相通点之研究》，首都体育学院2008年硕士论文。

② 姜小平：《中国健身气功与印度瑜伽之比较研究》，《湖南科技学院学报》2009年第1期，第204—206页。

练习人群掌握套路，这在《瑜伽与太极拳在我国推广的比较研究》[①]得以清晰指出。除此之外，穆琦镇还说明了练习过程中由于需要饮食与锻炼结合从而给练习人群带来许多不便，因此应当充分借鉴瑜伽运动的传播经验使我国太极拳能够进入国际平台。

要达到这一目标需要做到以下几个方面：寻找合适的地点，聘请专业的指导人员并筹集适宜的资金，加大组织管理力度。太极拳运动应当从印度瑜伽的发展中吸取经验，着重培养修身养性的特征，这样才能使大众群体都能轻易掌握这种运动的精华。刘玉兰、张云崖在《太极拳与瑜伽之博弈》[②]中提出，保障太极拳能够得到进一步推广需要采取以下措施：不能拘泥于传统形式，应当提升自身的创新意识从而发挥传统文化中的独有特色；为适应不同年龄段的人群在健身方面的需求，应当对原有套路进行调整以及优化，通过改良来使其练习方法能够在大众中得到普及；对于不同的练习人群应当采取不同的方法，通过多样化的教授方式使每个人都能感受其给人体带来的益处；着重培养推广太极拳的人才。

李秀深入研究了太极拳和瑜伽的发展方向以及现有成果，并在《太极拳与瑜伽之比较研究》[③]中提出可行的建议，为太极拳运动的发展打开新思路。李旺华、高河永[④]认为太极拳和瑜伽虽然都对健身起到积极作用，但是表现出的文化形态存在很大差异，作者在《太极拳与瑜伽的比较——兼论太极拳的国际化发展战略》中分析了以下几方面内容，包括：养生理念、健身原理、文化背景以及项目性质等。其实推行太极拳并不一定要拘泥于借助奥运平台这种方式，瑜伽的

---

① 穆琦镇：《瑜伽与太极拳在我国推广的比较研究》，《搏击·体育论坛》2010年第1期，第74—75页。

② 刘玉兰、张云崖：《太极拳与瑜伽之博弈》，《体育科技文献通报》2010年第2期，第117—119页。

③ 李秀：《太极拳与瑜伽之比较研究》，《海南大学学报（人文社会科学版）》2006年第3期，第446—450页。

④ 李旺华、高河永：《太极拳与瑜伽的比较——兼论太极拳的国际化发展战略》，《广州体育学院学报》2007年第5期，第43—46页。

发展过程中存在许多值得我们学习的地方。传统形式可以通过现代化的转变得到全新的发展，因此我们需要保护传统文化并促进其与现代模式相互融合，并坚持有机结合养生和武术这一重要原则。

三、研究对象与方法

1. 研究对象

本书的研究对象是太极拳运动在印度的发展。

2. 研究方法

2.1 文献资料法

文献的主要来源包括:中国国家图书馆、北京大学图书馆、天津市图书馆、天津体育学院图书馆等的馆藏书籍;万方数据库(http://www.wanfangdata.com)、中国知网(http://www.cnki.net)等网络的网络数据资源,广泛收集相关文献。

2.2 问卷调查法

选取印度太极拳练习者和公众进行问卷调查，在网络上发起多项投票,具体调查的人数为224人。根据被调查者对于太极拳的态度与实践进行整理,从而进行研究。

2.3 访谈法

首先,对印度大众和高校太极拳教师进行结构化访谈。其次,笔者获得了与印度太极拳名家森西·桑迪普·德赛等人见面请教的机会,以便进行更加深入的访谈。前者重点在于印度大学生和印度人民对于太极拳的了解、态度和技能掌握三个方面,后者主要听取关于太极拳运动的发展思路,以及对太极拳运动在印度发展的看法。

2.4 田野调查法

笔者走访了印度以下城市:苏纳里、古拉堡、瓦拉纳西、克久拉霍、占西、斋普尔、乌代普尔、德里、博帕尔、桑吉、贾尔刚、阿旃陀、埃洛拉、奥兰加巴德、孟买、阿姆利泽、瓦嘎、果阿、科钦、科摩林角、马杜赖、哈里瓦、瑞诗凯诗、普里、科纳克、布巴内斯瓦尔、班加罗尔、霍斯佩特、亨比等。在田野调查中了解印度人的生活习惯和健身情况,便于总结太极拳运动在印度的传播现状,并对影响因素进行剖析,提出促进太极拳运动顺利传播的对策。

四、太极拳运动在印度的传播现状

中国武术是中国传统文化的重要组成部分，太极拳又是中国武术的代表性拳种。以太极拳为代表的中国武术对世界文化多样性做出了重要贡献。随着中国经济的发展和国际地位的提高，作为文化象征之一的太极拳运动逐步从国内传播到海外，越来越受到世界各国人民青睐，成为在海外最具知名度的中国武术。

中印二国均为世界文明古国，两国人民之间的交往有几千年的历史。随着新时代文化、经济等众多领域的往来，两国交往愈加密切。在体育传播视角下，关于太极拳在印度的传播同样会是促进两国之间增加互信、发展友谊和深化合作的重要内容。

1. 太极拳在印度社会的传播现状

共有200余位印度大众参与调查。他们分别来自印度不同的邦，具体数据分别为：安得拉邦24人，比哈尔邦16人，果阿邦4人，马哈拉施特拉邦46人，旁遮普邦4人，拉贾斯坦邦18人，锡金邦3人，泰米尔纳德邦23人，北方邦8人，德里20人，西孟加拉邦30人，喀拉拉邦10人，其他邦18人。在年龄上，18岁以下的占3%，18~29岁的占31%，30~39岁的占44%，40~49岁的占17%，50岁以上（含50岁）的占5%。在受教育程度上,89%的被调查者的教育水平都是大学以上,这部分人中有49%是本科学历,40%是研究生学历。此外,中学生占比10%,小学占比1%。见图4-1、图4-2。

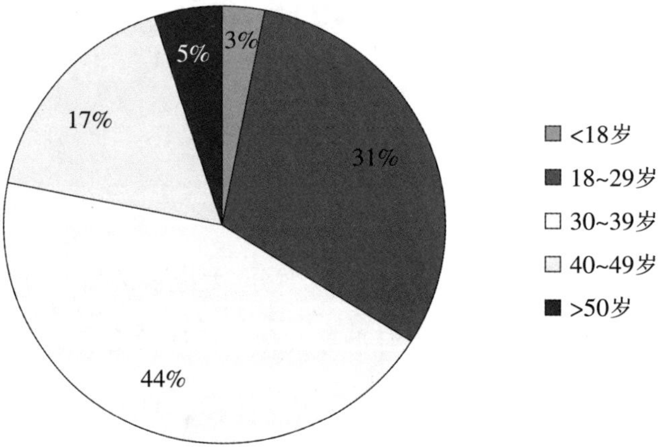

图4-1　被调查者年龄构成

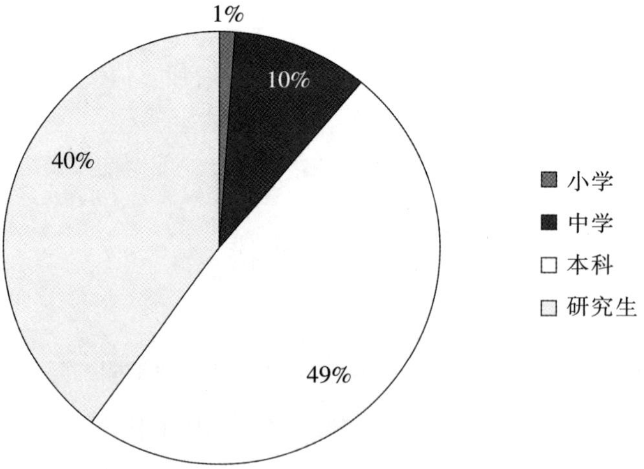

图4-2　被调查者受教育程度

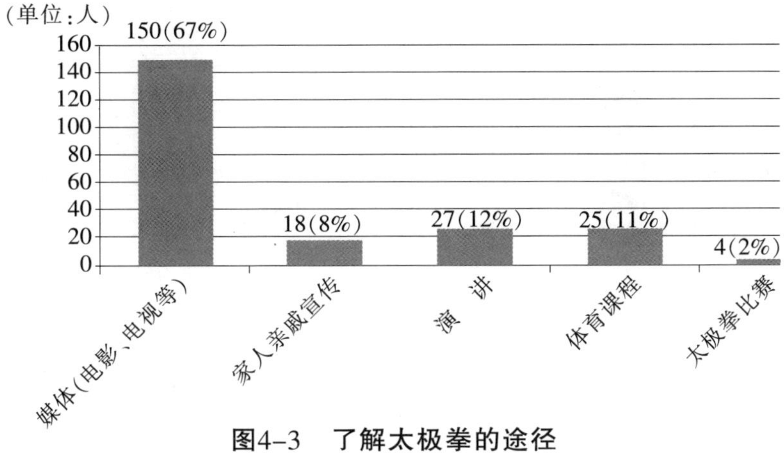

图4-3 了解太极拳的途径

如图4-3所示,大多数被调查者是通过媒体(电影、电视等)了解到太极拳的,约占比67%;通过家人亲属宣传了解到太极拳的是8%;通过演讲了解太极拳的占12%;通过体育课程了解太极拳的比例为11%;通过太极拳比赛了解太极拳占比例最少,仅为2%。

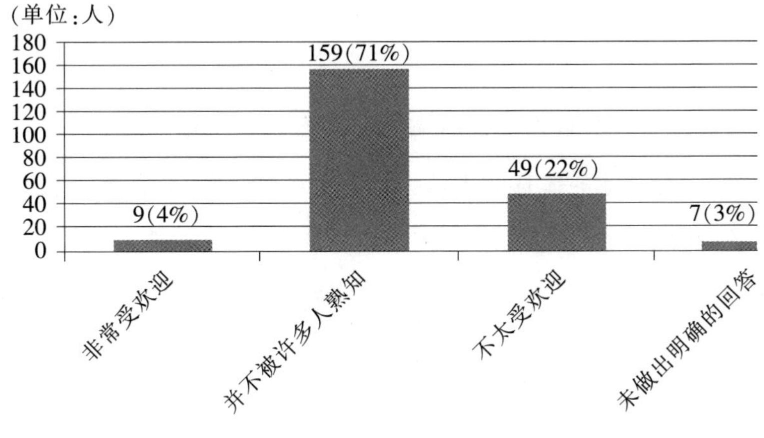

图4-4 被调查者觉得太极拳受欢迎的程度

如图4-4所示,4%的印度人觉得太极拳非常受欢迎;71%的人认为太极拳并不是被许多人熟知,这占到了大部分比例;22%的人认为太极拳不太受欢迎;剩余3%的被调查者并未做出明确的回答。

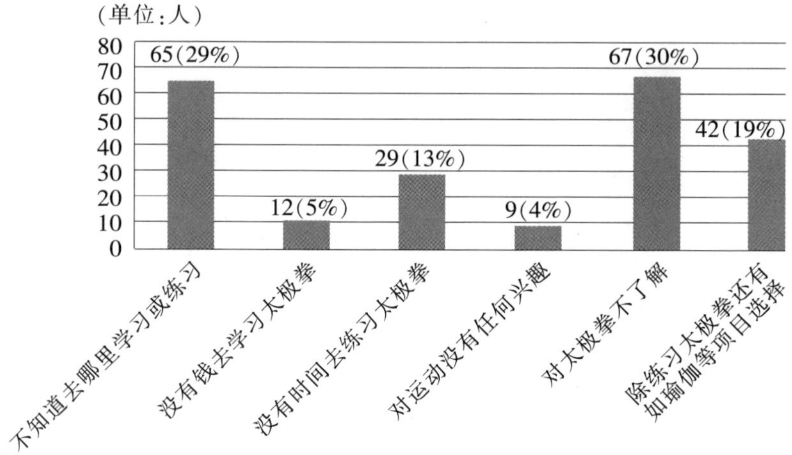

图4-5　被调查者没有练习过太极拳的原因

被调查者中，不知道去哪里学习或练习太极拳的人最多，占比29%；没有钱去学习太极拳的仅占5%，这说明经济因素并不是被调查者未练习过太极拳的主要原因。没有时间去练习太极拳的比例是13%；对运动没有任何兴趣的仅占4%；对太极拳不了解的占比30%；除练习太极拳还有如瑜伽等其他运动选择的占比19%。

从这些数据中可以直观地看出被调查者不知道去哪里学习或练习、没有时间学习太极拳、有其他的体育锻炼选择和不了解太极拳，这四者占较大比例，占总调查人数的91%。除此以外，金钱因素成为非重要因素。而且对于运动一点儿都不感兴趣的人占相当小的比例，这说明人们具备一定的体育锻炼意识，这对于太极拳在印度传播提供了很有价值的前提。

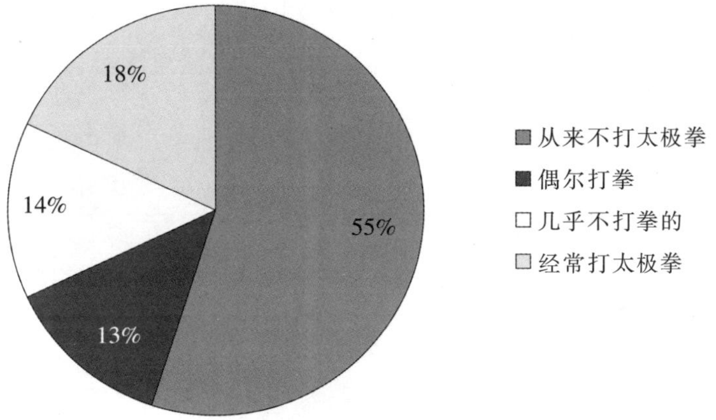

图4-6　练习太极拳的频次

如图4-6所示，从来不打太极拳的人占55%；经常打太极拳的占18%；偶尔打太极拳的人占13%；几乎不打太极拳的人占14%。总体而言，太极拳在印度的传播情况不乐观，约七成的人对太极拳接触少，甚至无接触。

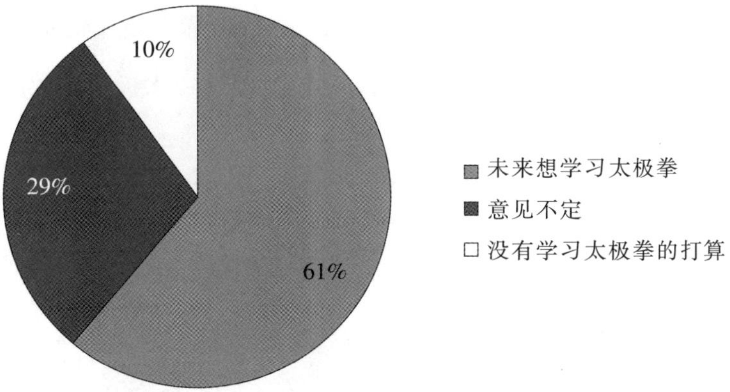

图4-7　未来的练习意向

如图4-7所示，未来想学习太极拳的人占总人数的61%，此数据较为乐观；意见不定的占29%，没有学习太极拳打算的占10%。总体而言，太极拳在印度的传播有一个较好的未来。虽然太极拳在印度的传播现状并不尽如人意,但是在调查中能够看出六成人对太极拳充满了期待,表示愿意学习,还有近三成的人彷徨不定,这也是未来可进一步发展的推广人群。

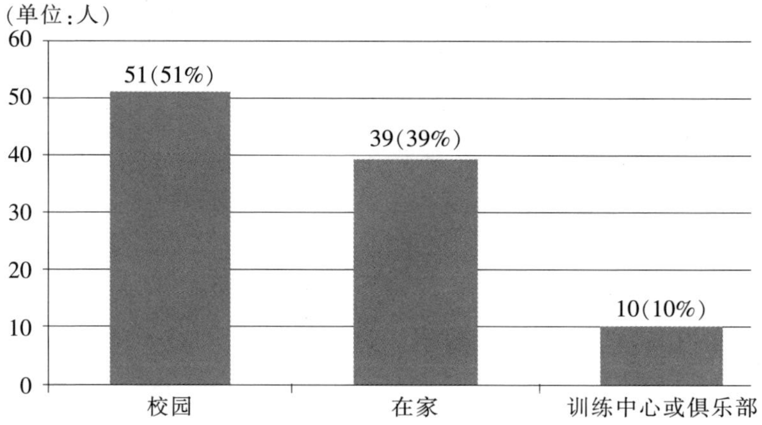

图4-8　练习太极拳的地点

由图4-6分析的数据可知,除55%从来不打太极拳的人之外,打太极拳的人数占比45%,约为100人。如上图4-8所示,练习太极拳的人所选的练习场所中,大学校园占比最高,为51%;其次为在家,占比39%;训练中心或俱乐部占比10%。在中文学校练习太极拳的人数为21人,约占在大学练习太极拳人数的41%。

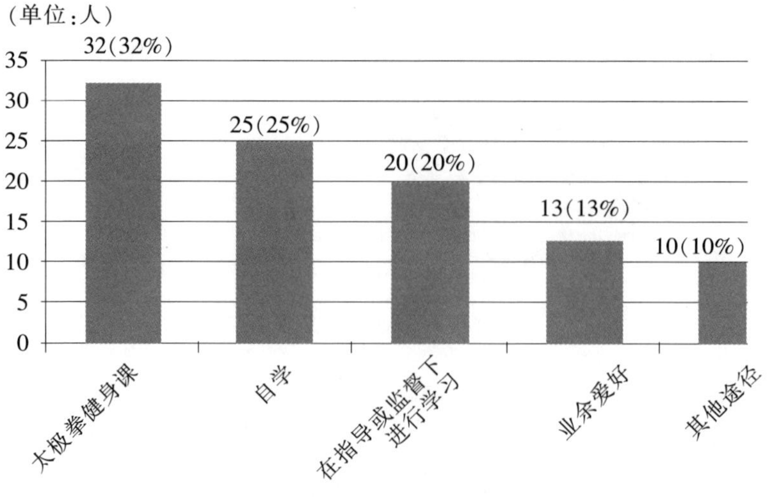

图4-9　学习太极拳的方式

笔者对打太极拳的100人中进行调查分析，情况如下：通过太极拳健身课学习的占32%；自学的占25%；在指导或监督下进行学习的占20%；出于业余爱好的占13%；其他途径的占10%。

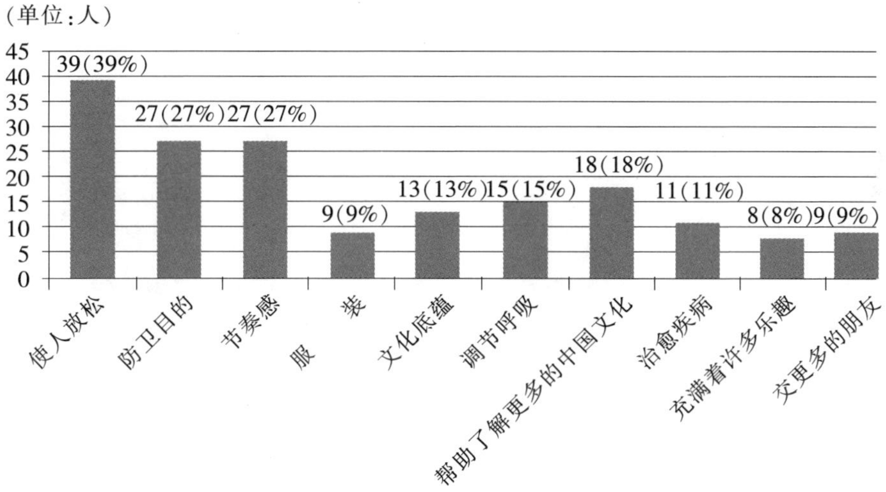

图4-10　喜爱太极拳的原因(多选)

如图4-10所示，在众多喜爱太极拳的原因中，占比前三者分别为使人放松(39%)、防卫目的(27%)和太极拳自身的节奏感(27%)。其余选项如下：服装占9%，文化底蕴占13%，调节呼吸占15%，可以帮助了解更多的中国文化占18%，治愈疾病占11%，充满着许多乐趣占8%，通过练习太极拳结交更多的朋友占9%。总体而言，人们对于太极拳抱有积极向上、放松防身等好的期许。

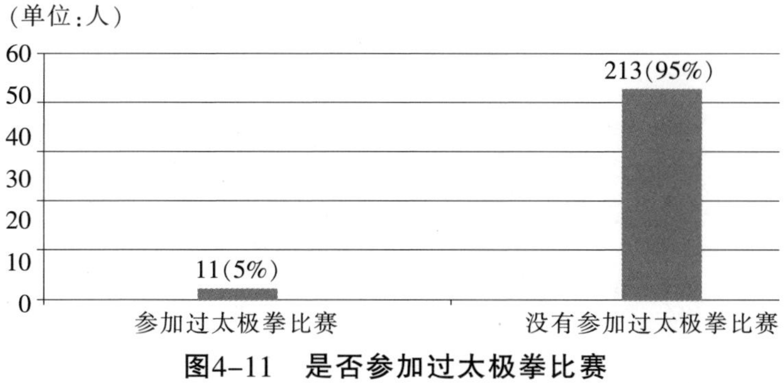

图4-11　是否参加过太极拳比赛

从图4–11可以看出，参加过太极拳比赛的人仅约占5%，从受众角度可以看出，太极拳比赛的效果在印度并不是很理想，次数很少，传播力度较低，整体影响也不乐观。

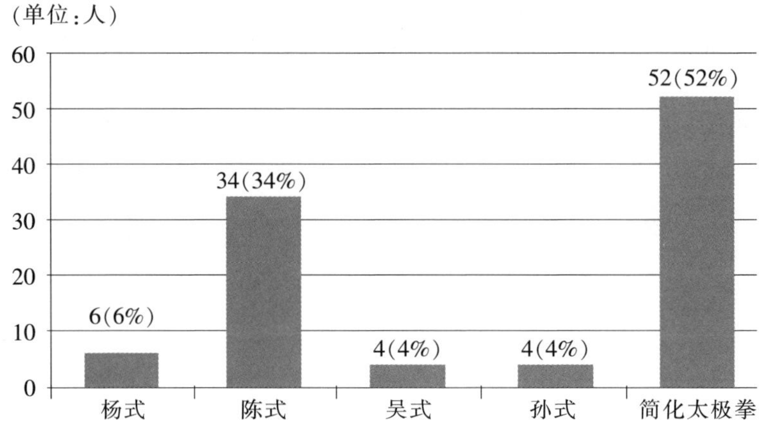

图4–12 所练太极拳门派

对所练太极拳门派的相关数据进行统计，结果为：杨式占6%，陈式占34%，吴式占4%，孙式占4%，简化太极拳占52%。不难看出，选择简化太极拳和陈氏太极拳的人数最多，这源于两方面，一是陈家沟声名远扬，凡是了解太极拳的人基本都能够接触和了解陈氏太极拳，在调查中有不少受众把陈氏太极拳完全看作是太极拳；二是人们并不希望自己费心费力去钻研太极拳的技巧或套路，更多的是希望达到娱乐、放松的效果即可，所以有52%的人选择了简化太极拳。

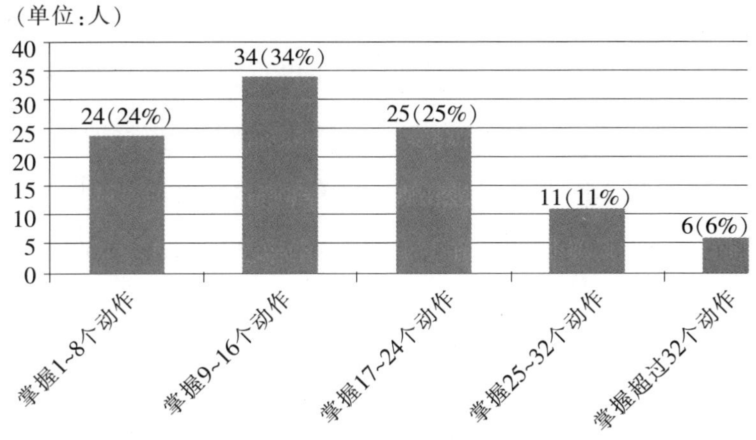

图4-13　掌握太极拳动作的数量

从被调查者掌握太极拳的动作数量来看，掌握1~8个动作的人占总人数的24%;掌握9~16个动作的人占34%;掌握17~24个动作的占25%;掌握25~32个动作的占11%;掌握超过32个动作的占6%。对数据进一步分析,可以直观地看出,超过9~16个动作后,人数与动作数量的增加呈负相关。

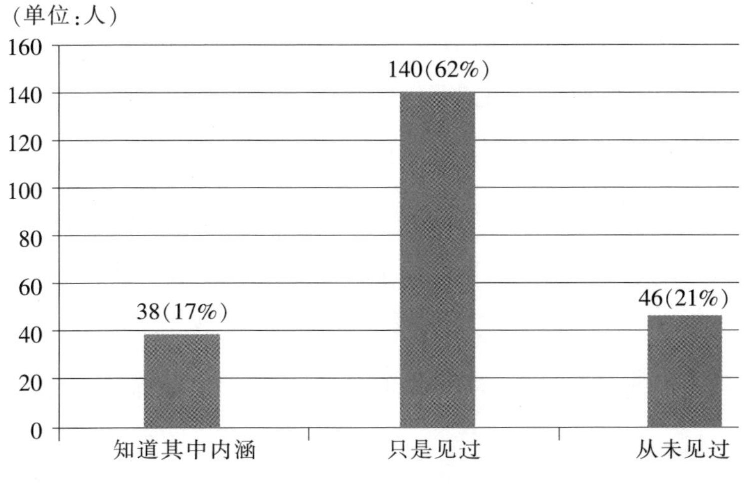

图4-14　对太极图的了解情况

太极图象往往在电影、宣传片等媒介中出现，承载着博大精深的中国文化。据调查，有79%的被调查者见过太极图，17%的人了解其代表的意义。因此可以得知，被调查者对中国功夫的了解更多的是停留在电视、电影的观感体验，并非对中国武术有更深入的了解。基于上述调查，得出一点结论：印度人关于中国功夫的了解是不全面的，因此导致太极拳运动难以强身健体的方式为印度人所用。

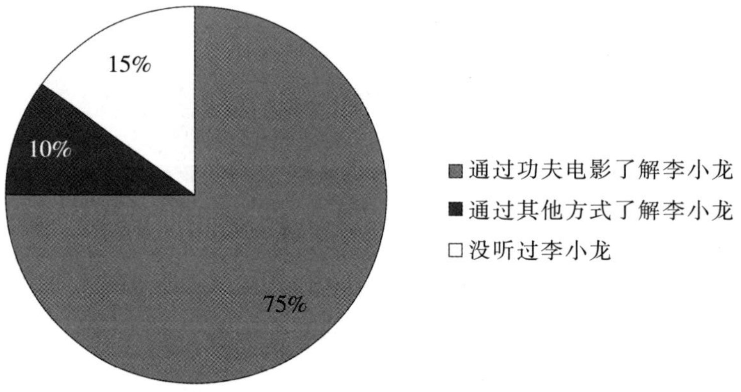

图4-15　对李小龙的了解程度

李小龙作为中国武术家和代言人，是中国乃至世界武术界的骄傲。笔者调查发现，有75%的人通过功夫电影了解了李小龙，因此电影、电视节目是向世界宣传中国功夫的主渠道。这也证实了图4-3所得结论，有67%的人是通过媒体（电影、电视等）接触到中国功夫太极拳的，这个结论在李小龙功夫电影的传播中再次得到验证，更是为电影成为中国功夫走向世界的重要途径提供经验基础。

本研究的调查结果表明：对于印度而言，太极拳运动属于一种较为新颖的运动方式，但是由于缺乏正规的武术培训班训练，印度人民还不能很好地了解这一运动，不知道其特点以及功能。太极拳在印度不能得到普及有一定原因是印度当地有着如瑜伽这样更合适的选择以及太极拳传授途径有限等原因。

2. 太极拳在印度高校中的传播现状

笔者在孟买考察了两所开设太极拳课程的学校，一所是中印学院，另一所是孟买大学孔子学院。在此，笔者对这两所高校太极拳课程的开设现状进行分析。

中印学院①(英文名为India China Academy)位于印度第二大城市——孟买。在2017至2018学年，教授太极拳的专职教师有4名，学校所开设的课程除太极拳外，同时还有围绕武术教授中国文化的课程，具体上课时间为每周周末。目前，学生人数已达到50人，年龄分布在17~54岁之间，学生大多来自孟买，也有来自古吉拉特邦、果阿邦等附近邦的学生。

图4–16　中印学院的学生学习写汉字

---

① 中印学院网址：www. indiachinaacademy. com. 原网址：www. indosinobridge. com.

图4-17 笔者和中印学院院长唐汉明

孟买大学孔子学院[①]在2013年7月18日举行了隆重的揭牌仪式，标志着沟通中印两国语言与文化的桥梁正式建立。院长由中方院长雷鸣和印方院长苏瑞娜(Vibha Surana)共同担任。孔子学院教师有4位，本科大一、大二共有21名学生周一到周五上课。孔子学院周末班每个班人数不定，大约在25人到30人之间。课程大都集中在中文、中国文化和中国武术等方面。周末班的学生仅在周日上课。

① 孟买大学孔子学院网址：http://www. confucius-institute-mumbai. com.

图4–18　孟买大学孔子学院院长苏瑞娜(左一)

图4–19　笔者同孔子学院院长雷鸣及孟买Bharat学院院长一家合影

针对太极拳运动在印度高度中的传播现状,中印学院和孟买大学孔子学院两所印度高校中共有100位学生参与,其中女性45位,男性55位。被调查者年龄段区间较大,从17岁到54岁之间的学生都有,占百分比最大的年龄阶段在17岁到26岁，共51人，27岁到36岁的学生有26人，37岁到54岁的学生有23人。

太极拳是武术品牌，就其传播的途径以及传播效果而言，是中国功夫里面发展较好的。笔者采用问卷并结合访谈对学生对太极拳的认识进行调查，具体结果见下表：

表4-1　学生对太极拳的认识

	套路表演	打斗	健身	舞蹈动作	其他
人数(人)	28	16	24	22	10
百分比(%)	28	16	24	22	10
男性(人)	10	13	20	6	6
女性(人)	18	3	4	16	4

调查结果显示，50%的学生认为太极拳是套路表演或舞蹈动作，这说明学生们没有从根本上理解太极拳的本质和内涵。这不利于太极拳的广泛的传播。从个人学习来讲，这不利于个人养成终身练习太极拳的习惯。除此之外，剩下16%的学生认同太极拳的技击性，注重打斗内容，但在学校教学环境中，打斗内容会受到课程标准的限制以及社会观念的制约。24%的人重视太极拳的健身作用，健身作用符合印度的价值观念，在印度推广太极拳运动，要重视挖掘健身方面的内容。

在此表中，可以清晰地看出关于太极拳认识的男女差异，女性对太极拳的认知倾向于套路表演和舞蹈动作，而男性的认知则更倾向于健身以及打斗方面。

认为太极拳是一种套路表演的学生兴趣着眼点是太极拳的观赏性，认为太极拳具有打斗功能的学生认同太极拳的技击性，认为太极拳具有健身功能的学生认同太极拳是一项内在修心外在健身的体育活动，认为太极拳是舞蹈动作的学生认同太极拳动作的柔美性。这些学生已经接受过学院所开展的太极拳课程，但他们对于太极拳大都处在培养兴趣阶段，尚未将练习太极拳作为自己进行体育锻炼的途径。

表4-2　学生对今后练习太极拳的意愿

	非常愿意	比较愿意	一般	比较不愿意	非常不愿意
男性(人)	6	7	23	13	6
女性(人)	10	13	13	8	1
总人数(人)(占比)	16(16%)	20(20%)	36(36%)	21(21%)	7(7%)

如表4-2所示,所调查学生在未来想进行太极拳学习的人占总人数的36%,持徘徊意见的占36%,比较不愿意学习或者非常排斥的占28%。总体而言,从学生群体来看,太极拳运动在印度的传播有一个较好的未来。其中,对于今后练习太极拳的意愿存在明显的男女差异,女性比男性在对太极拳的喜爱程度和未来习练意向上更加积极,而男性的意向普遍集中在一般和比较不愿意的阶段。在与学生访谈中也发现,男性较为排斥太极拳,他们更喜爱具有一定运动负荷和运动强度的体育活动。

虽然,太极拳运动在印度两所学校的传播现状并不理想,但是从意愿调查中能够看出接近四成的学生对太极拳融入今后生活充满了期待,还能够看出近四成的人彷徨不定,他们是未来可进一步发展的对象。此组数据中的100人皆是高校中已经练习过太极拳的学生,但效果并不理想。其中原因有很多,作为太极拳课程的制定者和实施者都要详细分析其中原因,减少学生对练习太极拳的倦怠心理,提高学生对学习和练习太极拳的积极性。

表4-3　大学生对太极拳教授内容的满意度

	非常满意	比较满意	一般	比较不满意	不满意
男生(人)	7	8	23	12	5
女生(人)	9	7	15	10	4
总人数(人)(占比)	16(16%)	15(15%)	38(38%)	22(22%)	9(9%)

如表4–3所示，学习太极拳的学生们对于所学的课程满意度呈正态分布，非常满意的人数占总人数的16%，比较满意的人数占总人数的15%，一般的人数占比38%，比较不满意的人数比例为22%，非常不满意的人数为9%。如此看来，情况不是很理想。调查对象已经接触太极拳半个学期，在此过程之中，对太极拳课堂内容感到满意的人只占近三成，这足以说明，课程教授内容或者其他原因造成了学生无法爱上太极拳。从表中也可以看出，男性与女性在对太极拳教授内容的满意度上并没有存在显著的差异，这从侧面说明课程内容本身出现了缺失。比较表4–2，女性更愿意长久地练习太极拳，却在高校太极拳课程中无法得到自己所需要的技能或知识，这样容易造成有意向长久练习太极拳的学生兴趣淡化，最终又将导致恶性循环："喜欢——无法满足——不喜欢"。

图4–20 学生在狭小的空间模仿太极拳的动作

中印学院和孟买大学孔子学院教师达数百人，而太极拳教师仅有8人。中印学院教授太极拳的专职教师有4名，分别为：Hiral Sangrani、Nishith Shah①、Usha

① Nishith Shah，天津师范大学硕士研究生，在留学期间习得太极拳，毕业后回到孟买传授太极拳。

Murli、Kelvin Huang。孟买大学孔子学院教授太极拳的专职教师有4名：助教教授Shikha Pandey（中文名潘美丽）、本地访问教师Poonam Joshi、Charmi Shah（中文名武嘉玫）、中国访问教师刘丽丽。

笔者首先对两所学校的40位教师进行了访谈调查。调查显示，31位教师表示对太极拳不感兴趣，主要原因是不了解太极拳的相关知识，而且其中12位教师从未听说过太极拳，对其传播方式和途径更是知之甚少。听说过太极拳的8位教师，也仅仅知道太极拳是一种中国功夫，具体的内容则一概不知。非常了解太极拳的1位教师不仅了解太极拳的起源，而且对于太极拳的文化内涵有自己的见解。

笔者主要针对教授太极拳的8位教师进行访谈，他们都表示对中国功夫有一定兴趣，并且都参加过专门的太极拳培训课程，Nishith Shah曾有6年的练习。但是在详细交谈过程中发现，除中国访问教师以外的7位老师，对太极拳知识和中华传统文化等方面的了解并不全面、充分，基本情况是能够完整并且流畅地打完二十四式太极拳。

在调查过程中，笔者对8位教师的太极拳授课方法与内容选择进行访谈，有5位教师认为太极拳的拳法是授课的重中之重，只有学生懂得拳法才能够算是一位合格的学生。

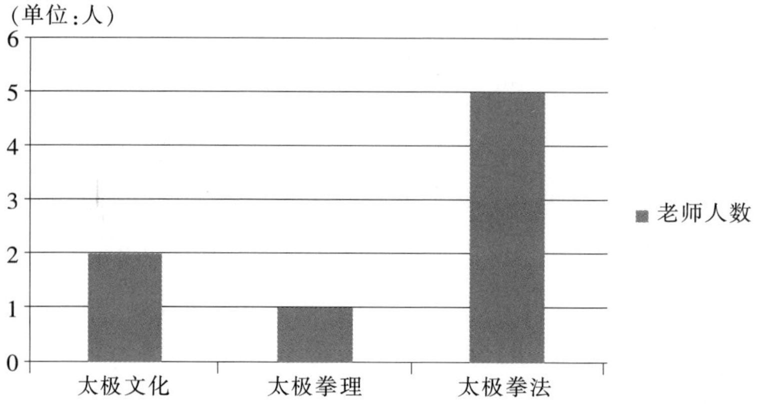

图4–21 太极拳应从哪一方面开始学习

通过上图,可以了解到太极拳教师在课堂教授中最希望的着手点是太极拳法。学生想要学习太极拳拳法套路占据比例最高,为60%,另外有20%的学习者希望了解太极文化,而想以太极拳理入手的人数仅占7%。这也体现了学生与教师观点的一致性。更多的学生都是想尽快掌握一套拳法,想要深入了解太极拳文化和拳理的人少之又少。如果大力挖掘太极拳运动内涵,尽全力解释意义或者阐述文化,这样的传播思路反而不利于太极拳运动在国外的发展。教师应该尽可能熟练掌握拳法,给予学生精准的讲解与示范。当然,也不能否认太极拳文化或者拳理的重要性,在课堂之上教师完全可以加入一部分,但是要注意"度"的问题,教学内容涉及太多文化理论知识很容易就会削弱学生的兴趣。太极拳本身就博大精深,很多大师终其一生才能够参悟一二,初学者或者普通人可以暂且将理解太极拳的真正含义放在一边, 以防扭曲本意或太过强调表面的含义。在老师的教授过程和练习的过程中逐渐形成自己的见解,才能够有效地将太极拳的精神内化成自己的东西。

3. 印度太极拳名师传授情况

太极拳运动传播离不开专业的太极拳教师，他们自身的专业技能和较高个人素质，是太极拳传承发展的必要条件。随着社会的发展，太极拳运动已经走向世界舞台，太极拳师在传播太极拳中起到重要的推动作用。通过调查，笔者在印度有幸结识了一位太极拳名师——森西·桑迪普·德赛。

森西·桑迪普·德赛（以下简称德赛先生）是一位同时精通太极和瑜伽的大师级人物，国际上对他赞誉有加。德赛先生曾在陈氏太极拳的发源地陈家沟村进行艰苦的学习训练，在朱天才等名师的指导下，他成为成功在中国改进拳法训练唯一的印度人。

2002年，德赛先生在第一批国家级非物质文化遗产项目太极拳（陈氏太极拳）代表性传承人朱天才的直接指导下，接受了陈式太极拳的训练。德赛先生在第一届世界传统武术节相关比赛中获得铜牌，2005年12月在第一届国际陈式太极拳锦标赛中获得了银牌。

图4–22　德赛先生与陈式太极拳名师朱天才学习

德赛先生坚实的学习基础和刻苦的练习，加上他已经有超过30年的武术和瑜伽的经验，这让他实力很强。他希望通过自己的太极拳教学，给这个浮躁的世界带来一些平和。

图4-23　德赛先生在纳依陶(Nainital，印度北部城市)

德赛先生参与的太极拳研习会或培训班遍布印度各个地方（如表4-4所示)，具体包括以下城市：浦那(Pune，马哈拉施特拉邦重要城市)、洛纳瓦拉(Lonavala，马哈拉施特拉邦的一个城镇)、艾哈迈达巴德(Ahmedabad)、孟买(印度西岸大城市和印度全国最大海港，马哈拉施特拉邦的首府)、德里（印度首都)、巴罗达(Vadodara，古吉拉特邦城市)、科钦堡(喀拉拉邦)、瑞诗凯诗(印度最主要的瑜伽静修圣地)、北阿坎德邦的纳依陶(Nainital)、迈索尔(Mysore)等。

表4-4 德赛先生参与的研习会统计

序号	主题	时间	地点	内容
1	太极研习会	2018年1月13日	孟买	太极拳不仅可以自卫,还可对身体起到保健的作用。在本研习会上可以亲身体验陈氏太极拳。
2	用太极来建造身体中的“气”	每周一、三、五	孟买	如何使身体补充更多的“气”;更加具有速度、能量、持久性;使身体得到更多的氧气。
3	学习最地道的陈氏太极拳	2017年10月9—11日	马哈拉施特拉邦	学习陈氏太极拳，共五个课时，每课时两个小时。
4	太极拳初级研习会	2017年11月23—25日	孟买	学习太极拳以提高身体的灵活性并得到深度休息，培养耐心，增加身体能量，改善血液流通，帮助提高生活质量。
5	学习最地道的陈氏太极拳	2017年2月10—12日	喀拉拉邦,科钦堡	教授学生太极拳技法,学习时间为晚上6:00—7:30,早上7:30—9:30,两天共四个课时。
6	太极、瑜伽与素食排毒	2015年1月22—26日	浦那	教授学生太极拳和瑜伽的技巧方法，并且阐述素食的好处,引导人们过上素食生活。

在印度,德赛先生还有很多国外学生跟他学习太极拳,学生来自西班牙、美国、澳大利亚、比利时、德国等。笔者与德赛先生的学生Deepti Kedawat、Vidisha Goenka Bajoria等人进行了谈话,他们一致认为自己的老师是一位名副其实的太极拳教师。据不完全统计,接受过德赛先生太极拳培训的学生年龄从18岁到60岁不等,大部分集中在30~40岁,总人数粗略统计达到1000人。

德赛先生还为许多企业举办过研讨会,如塔塔汽车、Aditya Birla集团、印度机场管理局(AAI)、巴拉特石油公司、印度时报、中央铁路、麦格纳、国家大剧院等。

图4–24　德赛先生给印度企业上太极拳课

2016年，德赛先生与印度总理纳伦德拉·莫迪合影，并且向莫迪总理介绍习练太极拳的好处。关于太极拳在中国文化中的地位，纳伦德拉·莫迪总理很感兴趣，并询问德赛先生印度政府方面可以给予哪些支持。莫迪总理在听德赛先生介绍之后，立刻给印度体育部部长致电，希望将太极拳引入Raksha Shakti大学的课程，并纳入艾哈迈达巴德警察培训的一部分。最后，纳伦德拉·莫迪总理主动拿着德赛先生的著作《太极》进行合影。

图4-25 印度总理纳伦德拉·莫迪与德赛先生合影

2017年2月,德赛先生在印度拍摄的纪录片"incredible India"(《不可思议的印度》)中进行太极拳表演。尽管在短片中只有10秒钟的展示时间,但是通过这个短片,可以在印度更多地宣传太极拳运动,与此同时,让不同国家的朋友了解太极拳。

图4-26 拍摄纪录片现场

在印度瑞诗凯诗每年举办的世界瑜伽大会上，德赛先生都会进行瑜伽指导并开办太极拳讲座，利用各种机会推广太极拳运动。2019年3月1日到7日，德赛先生在世界瑜伽大会上讲解陈式太极拳及瑜伽。

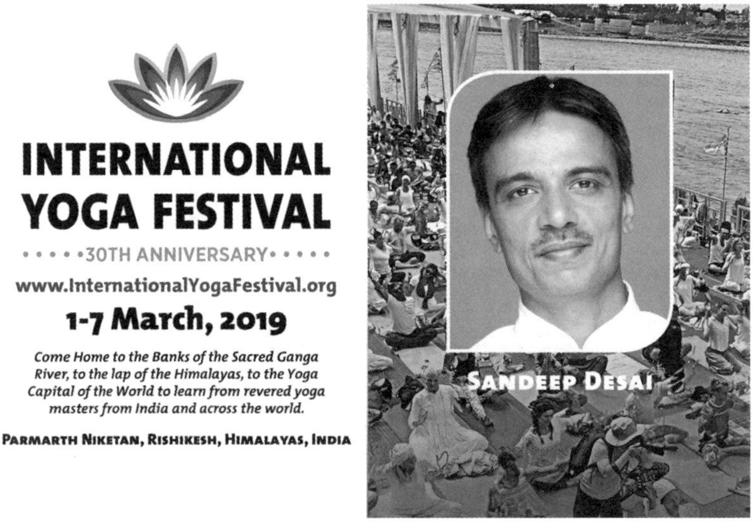

图4–27　2019世界瑜伽大会海报

图4–28　2013年5月，德赛先生在大青山参加国际太极拳大赛

图4–29　影星Hritik Roshan和德赛先生学习太极

德赛先生经常会被印度主流媒体采访，比如《印度时报》曾采访过德赛先生。德赛先生在很多主要报纸上都有专栏，比如Daily、《印度时报》等，他在专栏中讲解太极拳的益处。同时，德赛先生也经常在社交软件及太极拳学校的官方网站上

利用文字、视频等多种形式宣传讲解太极拳的理论知识及招式。

图4–30　德赛先生在指导太极拳练习者

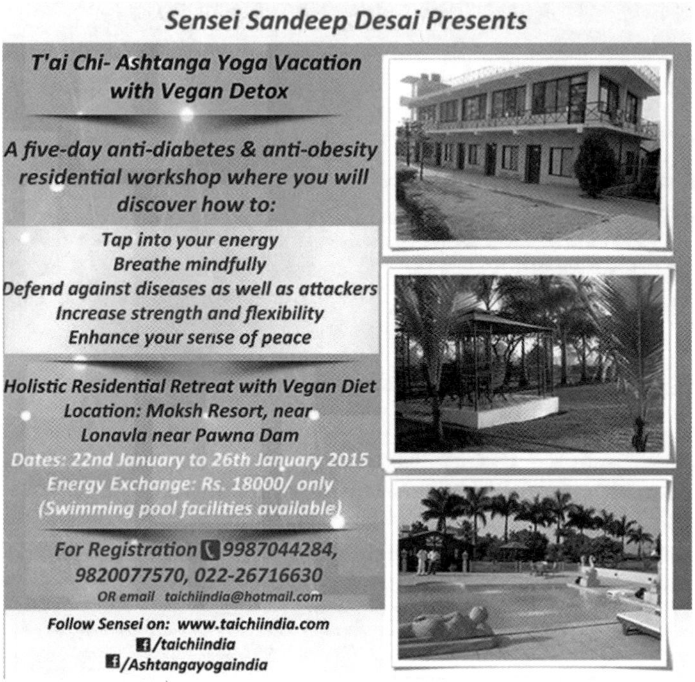

图4-31　部分宣传海报展示

除德赛先生外，印度还有诸多高级武术教练。比如Jivaveda先生、Dr. Rajnish Jawas先生、L.Venugopal Yadav先生等人。Jivaveda先生来自安得拉邦的城市维查雅瓦达，硕士毕业于Osmania大学，现居住在海得拉巴，并在海得拉巴举办太极拳武术培训班，教授弟子达600人之多。

图4-32　Jivaveda先生带领众人习练太极拳

图4-33　Dr. Rajnish Jawas先生

Dr. Rajnish Jawas先生的课程主要分为针对学生、病人和企业三部分。比如，专门针对4~15岁的学生进行太极拳培训，重点在培养学生的专注力。授课方式是运用游戏、练习和故事进行训练，在训练中让孩子们更有兴趣地学习新技能，以便增强他们的身体素质并培养他们的平衡感和协调能力。这种训练项目使得孩子们更加放松，学会专注和自律。与此同时他积极宣传太极拳运动在治疗方面的作用，并且表示练习太极拳对于缓解关节炎、降低高血压、改善帕金森病、治疗睡眠障碍等问题均有疗效。再有，他将太极拳融入企业文化，使太极拳成为企业健康项目的一部分。针对企业开展太极拳课每次课不多于45分钟，运用简化的太极拳，并伴随着中国音乐，为忙碌的上班族放松、释放压力、增加身体内的能量。

图4-34 Dr. Rajnish Jawas先生为企业员工传授太极拳

除此之外，还有武术学院公开的太极拳教授活动。比如，在印度特伦甘纳邦的尼斯金少林太极学院中有几位重要教练（G.Prakash Rao，K.Srinivas Yadav，L.Venugopal Yadav，Rupas Paul Galla等），他们教授的科目一般都是太极拳、气功、跆拳道等。值得一提的是，尼斯金少林太极学院有针对女性训练的专门教练，并且，他们在2017年1月29日在维杰亚瓦达[①]举办了尼斯金杯太极拳、空手道公开赛。

图4–35 尼斯金少林太极学院宣传海报

在Nakkalagutta Hanamkond[②]城市的JMJ高中，Srinivas Yadav教练教授太极拳、功夫、气功、五禽戏等。Md Quarters教练教授三节棍、长棍、太极拳、气功等。G.Prakash Rao教练和Srinivas Yadav教练教授形意拳、棍棒、三节棍、太极拳、气

① 位于印度安得拉邦。

② 位于印度安得拉邦。

功等。在日常教学的安排中，大都是每天早上6点到8点两个小时，对于学员年龄和性别没有任何限制。

图4-36 Nakkalagutta Hanamkond城市中太极拳的宣传海报

五、太极拳运动在印度传播过程中的问题及原因探析

矛盾普遍存在于生活的方方面面,太极拳运动在印度的传播过程中出现了许多不利因素,笔者分析总结,将太极拳运动在印度的传播分为社会传播和高校传播,社会传播困境包括:文化差异的冲突、传播媒介的单一、传播内容的狭隘、传播人才的匮乏及太极拳文化神秘化;高校传播困境包括:师资力量不足、教学内容单一、教学方法简单。

1. 太极拳在印度社会传播困境探析

1.1 文化差异的冲突

世界上的文化多种多样,其在思维方式、意识形态、价值取向等方面都存在巨大的差别。中印两国因其不同的历史特点及地理环境造就不同的民族性格,继而导致中印文化不同的思维观念和价值取向。

印度同中国一样均属于四大文明古国之一,有着悠久的文化历史。印度文化在世界上曾经产生过巨大影响,有着举足轻重的作用。印度文化具有十分鲜明的多样性和包容性。形成印度文化多样性的原因主要有两点,一是历史上的外族入侵,二是和平方式的文化交流。印度有数以百计的民族和众多的部落,这

些民族和部落都有自己的语言和文化。印度文化就是在不断吸收多种族文化的过程中丰富和发展起来的,呈现出举世罕见的多样性。在漫长的历史长河中,印度对所有的外来文化均采取兼容并蓄的方式。所以,印度所有的不同类型的地域文化、语言文化里,都或多或少地保留着各种不同的外来文化成分。印度文化有以下几个特点:

其一,注重内在心灵的秩序,不重视外部环境的混乱。在印度的公共场所或者街道上,总能看到散漫无序的场景,路上的行人、动物、车辆总是纷纷扰扰。印度人把这种混乱归结为管理不善,并没有特别在意。

其二,不重视时间。

其三,注重精神修行,轻物质享受。在印度文化中,精神比物质重要,内容比形式重要,目的比表达重要。印度人不会把漂亮建筑集中在主干道两侧,而是根据建筑物的功能和需要来选择建筑地点,所以街道两侧总是一副破烂陈旧的模样,但是在一些不起眼儿的地方却经常可以看到精美漂亮的建筑。

其四,重视个人,轻视集体。在印度人看来,修行是一种个人行为,任何人都无法取代。《吠陀》曾记载过,"就算在群飞的鸟儿中,每一只鸟都得自己飞"。

中国是多民族的国家。中国的传统文化既有着文化内在联系的普遍性,又具备中国特有的多元性,即不同的民族特殊性、相对性和统一性,协调着人与人之间的关系。儒家文化长期以来作为中国文化的基础,是每个中国民众普遍接受的文化价值观,其思想渗透到中国每一个人或每一件事之中,成为构成中国文化和社会的核心要素之一。中国文化中更多地强调自然的力量,从感性角度去认识周围的世界,所形成的价值观念是在主观层面的理解上增加理性的思考和反思,而在太极拳文化中所倡导的恰恰是这种文化理念。

太极拳作为外在文化形式之一,无论从太极拳文化的形成、发展乃至成熟,都是完全按照中国文化核心理念创造和发展的,可以说儒家文化理念已经深深融入太极拳文化中。

中国文化强调天人合一,印度文化讲求梵我同一。中国文化中偏重人伦道德,天人合一从人伦道德的立场出发,重视的是人而不是天,人之所以异于禽兽,就在于人的心性是与自然相通的。人是自然的一部分,人为万物之灵,人与自然界不是敌对的关系,而是整体与其中最优秀部分的关系。而印度人一方面把梵视为宇宙的本体、万物的根源,另一方面又把它描述为具有无限欢喜的极乐福境。他们认为,人的灵魂“我”是宇宙本体“梵”在人世间的显现。“我”在人世间虽然受到束缚,但它有恢复本来面目,还原于“梵”的要求。一个人只要克服私欲,就能从束缚中解放出来,还原于“梵”,恢复其本来面目。

中国与印度同为世界四大文明古国,中国文化与印度文化相互学习和借鉴是共同提高的需要。当今的世界是一个全球化的世界,世界的经济、政治包括文化在内越来越朝着一体化的方向发展。相较于几十年前,各国之间的差异已在逐渐缩小。

太极拳在较短的时间内无法从根本上融入印度的主流文化中,但也正是因为印度所表现出来的极强的文化兼容性,使包含着中国优秀传统文化的太极拳运动在印度广泛传播成为可能。当然,在碰撞中不可避免地会产生火花,如何将太极拳文化融入印度主流文化中是解决太极拳运动传播的根本问题。太极拳在不同文化中传播,也会使太极拳运动自身发展得更加完善,可以与瑜伽等进行对话,互相取长补短、互相促进、共同发展。

1.2 传播媒介的单一

计算机技术日益增强,网络普及程度越来越高,互联网时代的到来和现代传媒的发展缩短了世界不同国家、地区及人与人之间的距离。人们不再单纯依赖于书籍、报纸等传统媒介来获取知识,网络等现代传播媒介的出现,使得人们不需要出门就可以了解世界上的种种事情。这使得太极拳这项运动跨出国门、走向世界成为可能,这也是太极拳在印度能够推广和印度人民能够全面认识太极拳的又一佐证。但是,太极拳在印度的传播过程中遇到了很多困境。原因之一,是传播媒介的单一。

中国武术在对外传播过程中大多依赖书籍、报纸等纸媒,武术项目在书籍、报纸上的报道较少,如果将其与其他运动项目相比(如篮球、足球等),那么实际份额可能微乎其微。如果再深入到武术项目之中的太极拳,那么实际传播情况更不理想。

随着太极拳运动在国内的普及保持着良好的态势,太极拳运动得以逐步走向海外,在海外的相关报道有所增加,同时相关合作也不断增加。比如2016年5月26日,“瑜伽之都”乌塔兰恰尔邦瑞诗凯诗市与“太极拳发源地”河南省焦作市正式签署《太极文化瑜伽文化国际友好合作备忘录》。签署文件前后,印度瑞诗凯诗市市政委员会主席狄普·夏马先生和诸多国外友人详细考察了温县陈家沟。此类合作对于太极拳在印度的发展是极为有利的。互联网和电视等新媒介已经融入人们的生活,但此类合作报道依旧较少。

近年来,我国武术类影视作品繁多,但是以太极拳为主题走出国门的影视作品还鲜为人知。电视和互联网媒介是太极拳运动传播的良好渠道,但在实际传播过程中,太极拳文化并未占据一定位置。李连杰主演的电影《少林寺》以中国武术为题材,上映后曾引起一股中国功夫热,很多外国人因此对中国功夫产生了浓厚的兴趣。以太极拳为主题的电影在国内也不少,比如冯德伦执导的电影《太极》。此类电影的文化内涵可阐释为“太极智慧合天地之气,致敬武学,守国人之道”。基于中国传统武术蕴含的内在哲学延展出来的一种武学形态,也是对中国传统文化的创造性转化和创新性发展。关于太极的影视作品本身数量并不乐观,再加上走出国门这道难题,将影视热转换成受众去学习太极拳,难度还是比较大的。

电视和互联网传播媒介的即时性极强,影响效果稍纵即逝,只有与报纸、书籍等传统媒介相互配合形成系统的传播体系,太极拳运动才会在国门以外的国家和地区得以有效地传播与发展。

除上述所阐述的媒介间相互作用之外,还存在着表达的障碍。任何体育运动在不同国家或地区进行传播,都需要媒介,也都依赖于表达,这是连接文化和传播对象的一条纽带。我们想要使太极拳被世界人民了解甚至熟识,那么必须要打破语言障碍,只有语言互通才能够得到预期的传播效果。国内很多太极拳专业人士精通拳法,但是表达乏力。外语水平与沟通技巧,成为传播太极拳运动的重要途径。同样,语言的障碍也是制约太极拳在印度传播的重要原因之一。印度的官方语言是印地语和英语,太极拳的传播必须考虑如何将中文阐述转换成英语或者印地语,这将是一项极富有挑战性的工作,同时它也将非常有意义。在印度宣传太极拳,学习英语或者印地语从而熟练表述讲解相关内容,对于太极拳的传播具有重大意义。

1.3 传播内容的狭隘

太极拳运动在传播过程中过分注重各类太极拳比赛和表演,忽视其他传播途径的发展,在实际文化交流中,由于太极拳缺少一套行之有效且有具体标准的管理体系和规则,导致太极拳缺乏量化的具体标准,特别是太极拳的套路门类等,这些因素阻碍了太极拳的国际传播。

首先,国外太极拳传播的主要内容一般为太极拳的拳法套路。太极拳作为我国优秀传统文化的代表之一,拥有悠久的历史和深厚的底蕴。但是我国在宣传太极拳运动的过程中如果仅仅是传授太极拳的拳法套路,容易忽视其中包含的文化和内涵。太极拳运动在国际上宣传的主体是技术范畴的内容,但是其所包含的文化和艺术方面的内容大部分都遭到了不同程度的遗漏。

首先,从学生学习接受的难易程度来讲,太极拳的拳法套路与其包含的文化和艺术美学相比更为简单,但流于表面的拳法传播会使太极拳无法保持长久的活力与动能。重视技艺而轻视内涵会严重阻碍太极拳的推广。在被调查教师和学生的数据中我们能够看出印度学生的兴趣是学习、练习太极拳的拳法，教师也认为应该着重教授拳法，给予学生精准的讲解与示范。在课堂上教师完全可以加入一部分太极拳文化或者拳理，但是要注意“度”的问题，不能够涉及太多文化理论知识，否则很容易削弱学生的兴趣。取舍得当，寓教于乐，启发学生能够主动地从所学的拳法中学习太极拳运动的文化和艺术美学。太极拳博大精深，很多练习者终其一生才能够参悟一二，初学者或者普通人可以暂且将理解太极拳的真正含义放在一边，以防因太过强调表面的含义扭曲本意。在老师的教授过程和学生习练的过程中逐渐形成自己的见解，才能够有效地将太极拳内化成自己的东西。

其次，太极拳的拳法套路等内容至今未形成统一的宣传内容。目前我国国内太极拳门派众多，缺乏统一的标准，门派之间无法形成一股合力走出国门，走向世界。建议通过现代传播媒介放映一些专门的宣传片，现在的宣传片传递给大众的大多是一些缓慢、闲适、柔软的太极拳形象。这种单一的宣传内容很容易使得广大体育爱好者产生误解，自然而然地认为太极拳只适合老年人。造成如此尴尬的局面，和我们对于太极拳运动宣传定位模糊有关。想要使得印度或者其他国家人民主动了解太极拳，需要我们梳理清楚太极拳门类，制定清晰标准，打造出精品太极拳课程。电视和互联网更多的是展现太极拳的观赏性和娱乐性，广泛挑选有深度的内容，制作出精良的宣传片，使得太极拳运动以更为丰富的形象走出国门。

1.4 传播人才的匮乏

传播人才就是专业教授太极拳的拳师或者学校教师，他们自身拥有专业的技能和较高的个人素质，这是太极拳传承和发展的必要条件。伴随着全球化进程，太极拳运动早已走出国门，走向世界的舞台，但是却并没有呈现出太极热。其中原因不仅包含国内没有培养一定数量的具有高水平语言能力的人才进行国际化的传播,同时还因为没有时时更新教学方法和教学形式,使得太极拳更加丰富完善。我们通过调查发现,在印度进行太极拳教学的有两位比较专业和出名的教师,一位是齐涛,他主要是通过在封闭式的学校任教,在相对密闭的环境中进行严格的管理以实现太极拳运动的推广。但是遗憾的是太极拳在学校并没有受到重视,仅仅作为一门选修课,并且由于不受重视使得太极拳没办法得到很好的推广,而齐涛也离开了学校。另一位教师叫作管俊康,他主要在印度首都通过课堂传播太极拳运动,并且以儒家孔子作为传播中国文化的切入点。但是管俊康传播太极拳仍旧处于初级阶段。

太极拳是我国传统文化中的精髓之一。但是,如今学习太极拳的人并不多,精通太极拳的拳家或者学者人数较少,这严重束缚了太极拳运动在世界上的传播。此状况难以让世界知晓太极拳的博大精深,太极拳一直不能在世界范围内大放异彩,也无法很好地得到外国人的支持。

民间有很多人在太极拳上拥有一定的造诣,由于他们并非专业的教练,在技术水平和专业素养方面不达标。每一个学习太极拳的人有不同的背景,对于太极拳的理解和感受也并不相同。还有一些人是通过专项培训后成为太极拳教授人员,但是他们当中大多数无法精准地用合适的语言阐述太极拳的精髓,因而在教授太极拳的过程中会出现许多问题。教授人员素质方面的不足使得太极拳运动在世界范围的传播速度减缓。在太极拳运动的扩散中,很多教授人员把太极拳的内涵讲解得太过高深,这导致许多外国的学习者由于不清楚中国的传统文化而无法真正理解太极拳的要义。

1.5 太极拳文化神秘化

笔者走访众多太极拳学员和教练,发现在太极拳运动在传播的过程中,存在着大量有关太极拳具有治疗疾病功效的夸大宣传内容。比如德赛先生认为定期练习太极拳除了可以增强体质、缓解压力之外,还能够加快疾病和伤病的康复。增强体质、缓解压力是练习太极拳实事求是的合理作用,但是在疾病康复方面的夸大宣传容易使迷信和虚假的内容乘虚而入。这与印度本土的信仰有直接关系,同时也与商业宣传、吸引人们练习太极拳密不可分。在经济利益的作用下,容易出现大量单纯为了盈利而不顾实际效果的宣传行为。在此,笔者将列举部分学员和教练的访谈内容,加以说明。

Jivaveda公开谈道:“自己在练习太极拳一年后,感觉身体有了明显的变化,膝盖的伤完全愈合,肺功能也变得更强了。睡眠变得更好,呼吸能力和消化能力也得到显著地改善。皮肤也发生了改变,变得更干净、更紧致。最令我意外的改变是我的力量和耐力都有了很大提高。”

Dr. Rajnish Jawas在网站上公开宣传太极拳可有效治疗及缓解病痛①。在网站的介绍中,太极拳在治疗疾病方面有奇迹般的效果,对于关节炎、高血压、帕金森病、睡眠障碍、中风等疾病皆有帮助。

笔者又走访了三所孟买的太极拳培训班,在关于“太极拳是否可以治疗慢性疾病”的问题上,大多数教练对这个问题给出了肯定的回答。

有一名叫Karlske shankar chennai的学员在练习太极拳18个月的时候表示:“我的动作有了很大提高,如今站着、坐着、走路都不费力。因鼻窦炎引起的严重头痛和流鼻涕的症状在练习太极拳10个月后消失了。这些都归功于太极拳,是太极拳治愈了我的疾病。我强烈建议利用太极拳治疗鼻窦炎。太极拳也可以使内心平静,增强信心。要想受益于太极拳,必须要认真、持续地练习。练习太极拳的效果是缓慢的,但最终你会极大地受益于太极拳。”

Ashwin Kukreja表示太极拳也给他带去了众多好处:“这些天,我感觉非常好,尤其是加大练习频率的时候。‘从中心向四周运动’原则适用于日常生活,无论是情感方面,还是身体方面。如果一个人从自我中心出发做决定,这个决定会

---

① http://www. delhitaichi. com/index. html

更加客观。生活中，太极拳就是以这样的方式一直提醒着我。我发现自己感冒或咳嗽的频率降低了。现在，我正在为马拉松做准备。马拉松要求有效的综合训练，我的综合训练包括：在不跑步的日子里每天早晨打太极拳，在练习跑步期间也尽量打太极拳。目前为止，这种方法的效果很好。我相信太极拳综合训练法对腿和肺的负荷功能有重要的提升作用。”

来自安得拉邦海得拉巴城市的Mohan widley认为怀孕顺产与练习太极拳相关：“自己师从乔治·托马斯师傅练习太极拳已经十年。太极拳首先让我感受到的就是它的缓慢。作为一个急性子，这门缓慢的艺术为我带来了安静与镇定。自此我明白了慢下来的好处。6年前，也就是我37岁时，我有了一个女儿。让我的亲朋好友吃惊的是，原本复杂的怀孕历程变得平顺，我最终顺利生产。顺产的秘诀就是我分娩前最后一个礼拜的太极拳练习。太极拳让我冷静并变得健康。我十分感谢师傅不断地引导和支持。”

来自金奈的学员Satyanadan认为太极拳恢复了自己的平衡感：“我的平衡感因12年前一次头部受伤而受到了损害，但自从我开始学习太极，尤其是在过去的4个月中，我的平衡感得到了显著提升，而且之前一直折磨我的眩晕也有所减少。我并没有吃药，所以我可以确信这些改善都归功于太极拳。”

来自班加罗尔的学员Srilatha Rao认为是太极拳使自己的严重背伤痊愈了：“自从我开始学习太极拳之后，我的背部疼痛完全消失了。从2006年起我得了严重的腰椎疼痛，吃药只能缓解一时的疼痛。如果我长时间站立还是会腰疼，但是我注意到当我练习太极拳的时候，疼痛就消失了。我估计（背疼）是由于错误的身体姿势造成的。在办公室，我正试着矫正我的坐姿。我希望我能够正确地学习太极。”

另一位学员Rajendra menon cochin表示：“学习太极课程是我人生中最正确的决定之一。我一直想学习一种武术，我发现我所学的东西补充了生命的意义。同样，在我这样的年纪，很难接受健身房严格的训练方式或是学习很难的武术。

在太极拳中,我找到了完美的平衡,身体得到了锻炼,思想上得到了升华。起初,人们会去学习、理解这种运动方式。但是,当太极拳变成运动者的一部分并且运动者不用思考便能做出动作,才可以感受到太极拳的美好和优雅。我也承认,为了达到这种水平,要通过多年的练习。”

太极拳是一种基于中国古代哲学的健康运动,它的确帮助了全世界很多人锻炼身体,让人们心情愉悦,生活质量得到提高。 但是,太极拳并不是治疗疾病的“万能药”。一些宣传中提及的太极拳可以治疗帕金森病、中风等疾病并没有科学依据,这是对于太极拳或者太极拳文化的一种神秘化、异质化、夸大化。某些夸大或虚假内容对于太极拳发展的毒害非常之大。

一些太极拳培训班在经济利益的驱使下制造虚假信息,将太极拳的疗效进行夸大,这完全违背了练习太极拳用来提高生活质量和强身健体的初心,与健康的理念背道而驰。将太极拳进行神秘化,将这种迷信思想放入太极拳的内涵中去,这其实是对于太极拳文化的一种异质化,更是对太极拳文化的一种破坏。这些夸大、虚假和神秘的太极拳功能疗效信息可能短时间内会提高太极拳运动的受众人数,培训机构也能从中获得很多利益,但是从根本上和长远上是完全不利于太极拳运动传播的。

2. 太极拳在印度高校传播困境探析

2.1 师资力量不足

不管是中印学院还是孟买大学孔子学院, 两者的太极拳师资力量明显不足,并且教学水平相当有限。要在印度开展太极拳教学活动,师资和教练是首要问题,也是先决条件。两所学校能够教授太极拳的教师仅有8人,而目前在孟买大学孔子学院的教师中接受过完整的太极拳学习的教师仅有Nishith Shah一人,剩下的三位教师只是在印度或中国参加过孔子学院总部提供的短期培训。教师技能水平决定着太极拳教学水平的高低，如果没有接受过专业的太极拳训练，就难以胜任太极拳教学工作。

目前在印度开展太极拳教学所面临的首要问题就是师资不足，教学水平有限。中国访问教师也大都在一年或两年就选择离任。本次走访联系到的刘丽丽就是中国的访问教师。高校学生学习太极拳很大程度上依赖于来此赴任的教师，若没有合适的太极拳教师，太极拳课程也就不会开展。除此之外，还有场地方面的限制，中印学院和孟买大学孔子学院两所学校没有室内运动馆，教学只能在室外广场上进行。再加上太极拳教师同时肩负着汉语教学的课程，教学任务繁重，无法全身心投入大量精力传授太极拳，更无法走进中小学校园传授太极拳，种种原因使得教学对象局限于两所大学内部。在印度孟买，太极拳教学对象更多的是孟买大学孔子学院和中印学院中的学生，本次进行调查的学生对象数量仅有100人，对于一个历史悠久的拳种和人口众多的城市孟买，不能不说是巨大的反差。

在为数不多的被调查者中虽有很大一部分学员表示愿意长期练习太极拳，但也会因为学校没有组织太极拳教学和开展活动的专业教师，从而失去坚持练习的太极拳的机会，太极拳学生的人数也会直线下降，太极拳教学效果也就不会持久。总而言之，师资力量和教学水平大大制约了太极拳运动在孟买两所高校中的传播。

2.2 教学内容单一、教学方法简单

孟买大学孔子学院开设的太极拳教学内容有太极拳文化知识、太极拳基本功、简化二十四式太极拳以及一系列较为简单的太极推手。在国内，有二十四式太极拳、四十二式太极拳以及陈氏五十六式太极拳，还有杨、武、孙、吴等各式太极拳。每个具体的类别都有自身的特色，但太极拳讲究和谐、和合等哲学思想，

所以万变不离其宗,各式太极拳中的拳理拳法基本一致。拳理都是依据太极阴阳之理,拳法都是八门五步十三势,不管是二十四式还是五十六式都是在一定规律下进行的套路编排,差异也大都在行拳走架上。

太极拳的套路错综复杂,内容精彩纷呈,对比国内太极拳在高校的传授而言,孟买大学孔子学院和中印学院中所教授的太极拳内容显得非常单一,大大降低了太极拳的丰富程度,难以给学习太极拳的学生们一个全面、客观的认识。很多学生认为太极拳仅仅是拳, 更是有一半的学生认为太极拳是表演或者舞蹈, 这些误解都会导致学生无法了解中国传统文化中关于太极拳的丰厚内涵,这是在太极拳运动在印度高校传播中存在欠缺的地方。

教师教授太极拳时的教学方法基本是语言法和示范法,此类方法无法详细并且全面介绍太极拳文化,学生的学习也只能停留在表面,大都照着葫芦画瓢。教师们自身也不清楚如何做出详细的介绍,阐述清楚太极拳文化,这是需要一个完整的教学体系的。如何把太极拳运动和太极拳文化展现给学生们,这将是当前研究太极拳运动传播过程中亟须解决的问题。

学生入门时期,太极拳教学可以考虑为减轻学生的畏难情绪,从而降低太极拳难度,并且以简化太极拳为主,但是从长远考虑,八式太极拳或者二十四式简化太极拳无法使学生产生终身学习的想法。将学生领进门,依靠的并不是简单的教学内容,而是启发学生让他们对太极拳深厚的文化内涵和精妙的拳法产生浓厚的兴趣。

目前,孟买孔子学院和中印学院依旧是在教授八式太极拳和二十四式简化太极拳,且对于新学的学生,课程仅持续一个学期,这不利于太极拳真正的学习,容易导致学习停留在表面。想要习得太极拳,绝非一朝一夕之事,需要长期不懈的学习,才能够有所领悟。对于印度学生而言,第一套完整的太极拳套路的学习可能比较辛苦,但是师傅领进门,修行在个人,只要学生能从中感悟到太极拳的魅力所在,就自然而然地会产生尝试学习新套路的想法,这终将在学生练习太极拳的过程中形成一种良性循环。但这就要求高校课程指定和教师落实的过程中根据实际情况,积极增加教学内容。另外,在教学方法上多引用互联网、微课或反转课堂等新理念、新方法。说教式传教太极拳文化只能够适用一个阶段,绝不能当作“万金油”,处处运用。带领操练式教学方法虽然有利于学生模仿并快速掌握一个泛化的动作,但是其教学方法不够灵活,不能够针对不同的学生学习太极拳,这也要求学校和教师必须更加注重因材施教。

六、瑜伽传播的成功案例对太极拳运动在印度传播的启示

瑜伽与太极拳不论在实践中还是在理论上,都有着很多相通之处。瑜伽的成功推广值得借鉴,笔者认为详细分析瑜伽的成功案例,能够从瑜伽如何在中国推广来反观中国太极拳运动该如何在印度传播。

1. 瑜伽的起源与发展

瑜伽早在千年以前就已产生,是流传多年的强身健体的运动。瑜伽最早是印度的先人在冥想中发明创造的一套理念和运动之术,把运动健身和修身养性融为一体。很多人单纯地将瑜伽看成是一种简单的健身运动,但其实瑜伽是一种系统性的运动,具有深刻的内涵,是需要长期坚持并且切身领会精神的一个健身体系。瑜伽将人的身体和精神融为一体,将人和自然环境融为一体。

在古代,瑜伽被赋予很多神秘的色彩,人们按照流传的法典来将实际练习瑜伽之术与相关理论结合起来。据说早在古印度时期,瑜伽还只是在一些山间隐居之人、信奉瑜伽之术的人从事的一项运动。

瑜伽被称为是一种可以实现身体与心灵深度结合的方法,人们通过练习瑜伽获得那种身心合一的感觉,这样才实现了练习瑜伽的真正目的,达到了瑜伽

精神所向往的状态。

现在,瑜伽已经深入人们的生活,成为普通百姓喜爱的一项运动,并已经发展成为一项科学、系统的项目,而非仅仅在一小部分人之间流传。现代瑜伽可以达到让人们身心合一、放松精神的目的,让人的精神和身体都进入一种平衡的状态。现在,瑜伽已经被世界各地接受,并且深受各国人民的喜爱。

2. 瑜伽在我国的推广情况

2.1 瑜伽在我国的推广阶段

按照瑜伽在我国进行推广的时间、范围以及其产生的社会影响来看,可以把瑜伽在我国的推广过程分为三个阶段,分别是:古代瑜伽思想和瑜伽练习体式的传入、近代瑜伽在中国推广的萌芽期、现代瑜伽在中国的成功推广。

瑜伽在最开始传入我国的时候并没有受到大家的认可。据相关的文字资料记载,瑜伽早在佛教之前就已经传入我国,但是并没有受到大家的重视。在古代,瑜伽是具有非常浓郁的宗教特色的,人们也没有深刻地认识这项运动,所以瑜伽没有在我国成功推广。直到20世纪80年代,美籍华人张蕙兰真正地把瑜伽带到我国,让人们越来越了解和接受这项运动,更多的人参与到瑜伽的练习中来,让瑜伽在我国的推广进入到新的阶段。现在我国的瑜伽种类越来越丰富,这从名称上就可以看出来,比如有亲子瑜伽、双人瑜伽以及静心瑜伽等。还有很多符合市场需求的减肥瑜伽、健美瑜伽等。就现在瑜伽在中国推广的情况来看,我国的瑜伽主要有以下两种推广方式,一是商业化的推广(健身房瑜伽),另外一种就是学校体育教学的引入式推广。

古代瑜伽思想和瑜伽练习体式的传入。瑜伽方面的专业学者考证后发现,印度的瑜伽术已经通过各种各样的形式传入我国,比如南北朝时期的《易筋经》、唐朝的《天竺按摩法》以及宋朝的《婆罗门导引法》，这些书中都包含了很多瑜伽理念和文化。瑜伽进入我国以后尝试着和我国的传统文化比如儒学、道教、武术、气功以及中医等进行探讨和交流，但是这个过程中有很多局限，人们对于瑜伽的了解还是比较片面，没有深刻、系统地认识到瑜伽的内涵和思想。

近代瑜伽在中国推广萌芽期。近代，我国开始接触世界各地的文化和思想，我国人民的思想也渐渐变得开放，开始接受从外而来的新事物、新思想，这才让瑜伽得以在我国进一步发展起来。早在1939年，被誉为“瑜伽第一夫人”的茵迪拉·德菲在上海开办了我国第一家瑜伽学校并开始教授瑜伽。但是，在那个时候的中国，人们的温饱问题仍然没有得到解决，很少有人愿意学习并练习瑜伽。因此，那个时候瑜伽在我国的发展还处于萌芽阶段。

现代瑜伽在中国的成功推广。在中国真正推广瑜伽还是在1985年。在那一年，中央电视台播出了一系列瑜伽教学片，这样才使人们开始关注这项外来的运动。当时这个瑜伽教学片的主角就是前文提到的张蕙兰。渐渐地，我国开始出现了瑜伽馆，其数量和规模均得以扩大和发展。到了今天，我国的瑜伽馆以及包含瑜伽教学的健身房比比皆是，分布在我国大小城市中。从20世纪初没有瑜伽课堂，到了如今大规模的健身房均有瑜伽课堂，而且在较为繁华的地段还有许多专业的瑜伽馆，至此，瑜伽已经真正传入我国，被国民接受了。

2.2 瑜伽在中国的推广者

到现在为止，纵观全球瑜伽的推广，还没有设立一个政府组织来对这项事业进行统一管理，即使是在瑜伽的发源地——印度，也没有一个统一的官方机构推广瑜伽。我国情况大体一致，瑜伽主要有以下几类推广者：

第一，瑜伽协会或者专业教授瑜伽的学校。瑜伽协会是一个提供瑜伽行业服务的民间组织，它的组成比较复杂，除了包含瑜伽教师以及一些瑜伽传播组织的管理者，还包括生产销售瑜伽设备的以及宣传瑜伽文化的企业管理者。专业教授瑜伽的学校也称为瑜伽学院，一般这些学院的授权者都是瑜伽协会,或者是由瑜伽协会投资建立起来的。在我国的瑜伽传播工作中,这两个机构是最核心的推动者。

瑜伽协会责任重大,根据亚洲瑜伽协会制定的瑜伽章程,其主要责任是要继承吸收优秀瑜伽文化,推广瑜伽各项技能,不断推动瑜伽文化的发展,从而让世界各地越来越多的人热爱瑜伽。此外,瑜伽协会还担任着联系和沟通的作用,世界各个国家或者地区之间的瑜伽从业者都是通过该组织进行沟通和交流的。

随着瑜伽的普及，瑜伽课开始越来越多地出现在比较高档的健身俱乐部中。笔者通过电话采访的形式做了一个调查,调查对象分布在不同城市,分别是天津、济南、北京等。通过调查发现,这些健身俱乐部都开设了瑜伽课程,而且瑜伽显然在他们健身俱乐部众多课程中比较受欢迎,已经成为他们的主营业务之一,多数健身俱乐部都将瑜伽课的上课时间安排在了黄金时间段(晚六点到晚八点之间)。我国健身俱乐部发展迅速,目前在国内大中小城市中都分布着大量的健身俱乐部,而这些健身俱乐部就成了瑜伽的发展和传播的重要场所,但是瑜伽在这些健身俱乐部的推广也存在着一些明显的问题。其中最为突出的一个问题就是瑜伽教练只懂得如何教授学员学习瑜伽,但是对于瑜伽的专业知识缺乏系统了解,而且在专业素养方面也有所匮乏,这很容易导致在教授瑜伽时,瑜伽教练所采用的方法以及教授的内容不够全面且没有针对性，手段也不够科学。这也导致学员对于瑜伽知识的了解不够全面,或许还存在错误的认识,这个责任主要归咎于俱乐部以及他们所雇的教练。此外,这种形式的瑜伽教学项目相比其他健身项目,费用要高很多。

瑜伽会馆是一种经营性场所,也是非常专业的场所,因只教授瑜伽,故它不像上述健身俱乐部那样项目繁杂,这一特点使得这些会馆成为瑜伽的直接传播机构。但是对于这种专业教授瑜伽的会馆来说,不同地区的会馆档次不同,从面积上来说,从一百平方米到几千平方米的都有。在中国,有一种经营方式是连锁加盟,这种经营方式的瑜伽会馆一般都是非常正规的。目前中国的正规瑜伽会馆在以下三个方面具有鲜明的特征。

首先是经营理念。经营理念是一些连锁企业成功的出发点。各个地方会馆的经营理念是不相同的,这主要是受当地文化的影响。但总的来说,连锁经营的瑜伽会馆都秉承着同一理念,就是要通过不断推广瑜伽活动和瑜伽文化来引导健康生活。

其次是赢利模式。企业的最终目的都是为了获取经济利益,瑜伽会馆也同样如此,加盟连锁的瑜伽会馆更是这样。但是不同于普通的社会营利企业,瑜伽会馆具有独特的经营态势。在消费市场中,瑜伽将消费者定位在高消费人群,因此可以在比较繁华的市中心或者比较高档的小区发现这些瑜伽会馆。

再次是对于品牌的管理。瑜伽会馆通常会使用很有竞争力的品牌标识,他们也将这种品牌标识应用在了企业形象识别系统上。这些会馆的品牌核心是健身塑形,但是他们并不拘泥于这一点,而是以此为基础不断开发功能,逐渐树立"人本主义"。此外,他们还广泛发挥媒体的宣传效应,比如组织媒体进行采访,积极召开加盟推介会,而且重点利用网络,建立网络平台对其品牌形象进行宣传和公关。通过这种方式不仅推广了瑜伽项目,让更多人了解瑜伽文化,使其品牌形象家喻户晓,在百姓心中树立了良好的企业形象。

第二,是瑜伽教练。我们所说的瑜伽教练并不是真正意义上修习瑜伽的瑜伽师,因为在《瑜伽经》这一经典著作中,瑜伽师是修习瑜伽的人。而在中国练习和教授瑜伽的人多数只注重形式练习而忽略了修习瑜伽的内涵,因此他们不是真正的瑜伽师,充其量称之为瑜伽教练,他们主要负责教授普通人学习瑜伽的基本动作。

第三,是瑜伽代言人。代言人一般是比较知名的公众人物,因为他们能起到很大的推广和引领效应,在他们的引导下,能够使瑜伽练习者有所增加。根据来自互联网和一些纸质媒体的信息可以得知,无论是商界、体育界及演艺界,都有人做过或者正在作为瑜伽的代言人。比较出名的就是前国际奥委会主席萨马兰奇，他每天都会练习瑜伽，演艺界的模特克里斯蒂·特灵顿，不仅坚持练习瑜伽数十年，而且还通过网络媒体不断宣传瑜伽对人的好处。

以上人物虽然都对瑜伽的传播起到了积极推动作用，但是也正因为他们缺乏系统的组织，使得他们在宣传瑜伽时加入了自己的观念，传达给学习者的学习方法也千差万别，这是一个不可忽视的问题。不过，他们的推广也有很多的好处，比如，他们的宣传加入了自己的元素，使得瑜伽更加丰富，也取得了比较好的效果，经过多年推广，瑜伽也得到了创新，这些对瑜伽而言是个利好消息。

2.3 瑜伽在中国的推广对象

据统计，我国学习瑜伽的人主要是白领女性，这些女性通常收入比较高，而且比较注重生活品质。因此，瑜伽会所一般将此类人群作为他们的重点发展对象。笔者对天津某大型汽车有限公司进行走访，发现公司里的瑜伽练习者都是公司的中层及以上的工作人员，他们收入比较高，而且对她们而言，能够抽时间学习瑜伽既能保持身材，还能缓解工作中的一些压力。

现在学习瑜伽的人非常多，但是学习者所在的群体只有一个。好在瑜伽推广者发现了这个问题并开始逐渐拓展群体，在一些协会或者是设有瑜伽课程的学校里，已经出现了具有针对性的瑜伽练习方式，比如水下瑜伽，婴儿瑜伽和老年人瑜伽等。从瑜伽推广者的角度来看，瑜伽推广的对象几乎是所有人群。甚至，随着练习瑜伽人群的广泛化，瑜伽正在进入体育项目相对封闭的校园，如今很多高校都已经将瑜伽列入了学生的体育选修课。

2.4 瑜伽在中国的推广内容

瑜伽在中国的推广内容首先是瑜伽精神。瑜伽精神在瑜伽的经典著作《薄伽梵歌》中有个形象的比喻，“瑜伽精神就像海洋，众多河流都汇聚到海洋，而且不断打扰这海洋,海洋始终保持着静谧"。世间存在着无数的欲望,这些欲望无时无刻不去打扰智者,但是智者能够始终排除这些干扰保持宁静。瑜伽精神讲求的就是排除世间欲望的干扰、始终保持宁静的心态。万事不可强求,但是需要尽力为之,这是瑜伽精神的核心内容。

瑜伽在中国的推广内容其次为瑜伽姿势。瑜伽发展至今,已经有了很多的种类,而每个种类都有自己独特的练习方法。此处以瑜伽姿势为例。所谓瑜伽姿势就是指练习者为了达到某种练习效果而摆出的各种造型,但是,这些造型与普通的身体姿势在细节上存在很大的区别。一方面,瑜伽的练习动作都是缓慢而轻巧的,动作和动作之间层次很明显,练习者在练习过程中始终能保持平静的心态。另一方面,有些瑜伽姿势在外人看来似乎像是在表演,因为这些姿势有时做起来比较困难,但实际上这种特别的姿势只是起到锻炼身体的功效。

瑜伽在中国的推广内容还包含瑜伽练习的种类。随着瑜伽在世界各地传播,瑜伽与本土文化相结合,逐渐发展成了一种产业,每个地区的推广者在对瑜伽进行推广时,都会将瑜伽与本土文化和现代艺术相结合,对瑜伽形式进行一定的创新。瑜伽的练习已不仅是传统的身体姿势和调息练习,更是与现代需求相结合,产生了各种各样的练习种类。现代人都比较喜欢健身,大部分女性都爱美,因此相对应地出现了减肥瑜伽、健身瑜伽、瘦脸瑜伽、热瑜伽、塑形瑜伽以及美容瑜伽等。为了满足诸如夫妻、产妇等特殊群体的需求,瑜伽推广者还推出了产妇瑜伽、夫妻瑜伽、亲子瑜伽、双人瑜伽和产后恢复瑜伽等。此外,为了满足不同人群的不同需求,还开设了诸如办公室瑜伽、老板瑜伽、桑拿瑜伽和水下瑜伽等课程。这些课程的开设不仅可以给广大瑜伽爱好者更多的选择,更有利于瑜伽更深层次的推广。

最后,瑜伽在中国的推广内容还有瑜伽用具。随着瑜伽的推广,越来越多的人参与到瑜伽用具的开发中,促进了瑜伽用具的深入开发。根据市场需求,目前瑜伽用具的分类越来越精细化,既包括比较大型的高温瑜伽房,也包括用于瑜伽练习场所使用的香薰。根据瑜伽推广人士的介绍,在瑜伽用具方面,一共有四种类型的用具;第一种是与瑜伽相关的书籍、光盘、期刊和电子书籍等;第二种是大型用品,比如整体瑜伽房和高温瑜伽房等各种瑜伽房;第三种主要是瑜伽服饰,主要是指瑜伽衣服、手套、鞋袜等;第四种是辅助用具,主要是指在练习瑜伽时所需要的瑜伽球、瑜伽绳、瑜伽砖、瑜伽垫和香薰等。这些产品的出现满足了瑜伽爱好者对于瑜伽训练过程的各种需求,这也对瑜伽产业化发展带来了巨大的影响。

2.5 瑜伽在中国的推广方式

对于瑜伽的推广,最主要的方式是通过主流媒体,因为这种形式的推广可以很快使瑜伽成为公众的关注焦点。瑜伽最初能在我国迅速发展就是因为瑜伽是通过中国中央电视台进行宣传推广的。由于当时娱乐项目较少,看电视成为百姓娱乐的主要方式,作为收视率最高的中国中央电视台又是最有影响力的频道。因此,通过电视宣传让群众开始了解瑜伽,成功地吸引了部分群众开始探索这项运动。

随着网络的迅速发展,瑜伽开始通过网络并结合杂志进行宣传,从起初的大面积推广到后来的具有针对性的宣传,都显示了推广者的决心和信心。同时,瑜伽协会以及很多瑜伽教育中心也开始在网上进行宣传, 让更多的人了解瑜伽。为了解答群众的疑惑,这些机构还利用论坛和在线咨询等功能来拉近与群众的距离,给他们提供最贴心的服务。

瑜伽之所以能在中国迅速发展的原因是因为推广者进行了准确的市场定位。推广者以市场需求为导向,合理地进行了市场定位。瑜伽在起步阶段,主要以高收入的年轻女性为切入点,在对他们进行瑜伽宣传时,根据这一人群的特点,对传统瑜伽进行了改进,配上了比较合适的音乐,使练习不再枯燥。此外,为了增加吸引力,推广者还给她们配发了比较漂亮的服饰,对训练场地进行了精心布置。年轻的女性看到训练环境具有的异域风情或者是典雅美,再加上得知练习瑜伽能够达到她们想要的美容或者塑形效果,她们总是会动心。同时,瑜伽的推广也结合了我国的最新政策,比如,随着我国建设小康社会的步伐逐渐加快,其核心是以人为本。推广者结合这一理念进行了广泛宣传,并取得了很好的效果。一方面,他们不再局限原来定位的人群,将推广对象扩大化,使得瑜伽的适用对象更加全面,除了适用于女性的瑜伽以外,也设计了能够排遣工作压力的专业男性瑜伽。当然,学生群体也是重点推广对象之一。另一方面,推广者改善了传统的瑜伽种类,针对不同的人群推出了相对应的产品。比如针对减肥人群推出了高温瑜伽,针对性不和谐人群推出了性爱瑜伽,针对学习成绩差、注意力不集中的学生推出了学生瑜伽。

之所以这么多中国人练习瑜伽,一个重要的原因就是推广者们对瑜伽的商业包装很成功,这也促进了瑜伽的推广。在包装方面,如果商品包装贴近顾客的需求,就能勾起顾客的购买欲望。在推广的各个环节,都能看出推广者在推广上面所下的功夫以及采用的高明技巧,他们的出发点都是品牌效应。各个瑜伽协会或者是机构为了展现自己的专业性,多会对自己的训练场地进行改进、更新瑜伽用具,创造出属于专业而又自己的风格。有的推广者为了增加专业效果,将练习场地装饰成具有神秘色彩的异域风格,来体现出瑜伽本源的特点。这些包装方式的运用都多多少少促进了瑜伽在中国的推广。

2.6 瑜伽在中国的推广特点

现代传媒为瑜伽的推广提供了更加方便的途径。随着居民生活水平的不断提高,人们越来越重视体育休闲活动。随着许多专业性的体育媒体的产生,国内体育宣传有了很大进步,不仅使得体育的影响力变大,还挖掘出许多体育本身蕴含的价值。现代媒体对于瑜伽的成功推广同样功不可没。中国的民众正是通过现代媒体才了解到瑜伽。很多人最初了解这项运动是通过电视媒体开始的,许多瑜伽练习者都表示自己是看了中央电视台播出的瑜伽推广片后才开始练习瑜伽的。

瑜伽在中国的成功推广也离不开传播媒介的作用,瑜伽能够成为目前国内非常受推崇的体育运动之一,主要是因为其很好地利用了媒介的宣传作用。不仅如此,媒体能够改变人们对瑜伽的态度。媒体往往具有传播范围广、内容丰富的特点,能够影响人们的生活方式。现如今人们花费在观看电视上的时间越来越多,上网的时间以及频率也较之以前有了明显增加,电视或网络中许多人物的行为方式都在潜移默化地对人们产生影响, 使人们能够接受许多新鲜的事物。瑜伽正在通过媒体的传播优势使自己成为一种新的时尚。

瑜伽在推广过程中实现了其全球化与地方化的有效结合。全球化倡导的是要把不同地区的文化以及文明推进到一定的高度,可以理解成未来社会所体现出的文化兼容性。正是因为全球化的原因,不同地区民族的文化才能相互交流融合,形成一个不受地域限制的全球化体系,使人们能够不再受到地域限制,能够注意到其他地域内自己感兴趣的东西。瑜伽之所以能够很好地得到推广,很大一部分也要归功于其全球化和地方化的有效结合。瑜伽起源于印度,其名称也是来自梵文的音译,“瑜伽”在梵文中是“联结”的意思,这也道出了这项运动想要达到的最终目的。瑜伽是结合的运动,这项运动不会排斥别的文化。瑜伽在我国实际推广的过程中,能够针对我国的文化特点做出一定的改变,从而使两种文化能够有效结合。目前许多的瑜伽爱好者在练习过程中加入了诸如太极、武术等中国传统养生运动,并达到了预期的效果。因此,流行于我国的瑜伽运动已经具有了地方特征。

瑜伽在推广过程中实现文化宣传与形式改变相统一。为了能够适应全球化带来的竞争压力,许多文化产业想要更好发展就需要依靠自身创新。想要实践一种思想,首先要接受这种思想。在当前的社会大环境下,瑜伽宣传过程中的创新性主要体现在以下几个方面。

一方面,在瑜伽推广人员心目中,瑜伽是一种富有创意的产业,对待新鲜事物应该采取不同的方式。瑜伽是印度一种古老的运动,但是在其发展过程中一直都在创新。这种创新体现在方方面面,包括这项运动的练习方法、具体内容、学习场所以及在学习时需要的辅助器具等。瑜伽在习得的形式方面也有一定的改变。这项运动在一开始传入中国时对于各类练习者都是一概而论,没有具有针对性的形式。为了能够更好地使瑜伽得到推广,相关人员根据不同的习得群体设定了许多具有针对性的瑜伽形式。在对瑜伽练习场所的修饰方面:现在的居民收入越来越高,人们对于休闲运动的要求也随之提高,练习者不仅要求要有好的健身效果,对一些外部细节也非常在意,例如场馆的装饰。为了能够突出自己的特点,基本上所有的场馆都对自己的内部做了精心的装饰。以天津的瑜伽馆为例,有的是高雅风格,有的是自然风格。这种内部装饰不仅能够让练习者充分享受练习过程,而且还为瑜伽增加了许多神秘感。瑜伽之所以能够从最开始无人问津发展到现在备受追捧的状态,就是因为其能够采用全新的理念不断地创新,能够针对不同的练习群体做出改变。

另一方面, 瑜伽在现在充满竞争及复杂的市场中做好了应对挑战的准备。从刚开始推广人员在电视节目上宣传瑜伽,到如今瑜伽在我国掀起休闲健身的浪潮,瑜伽已经在中国站稳了脚跟。相关数据表明,瑜伽已经不再局限于单纯的教学练习,还涉及许多其他方面,比如有些场馆开发了寻找瑜伽起源的旅游业务活动,推广人员正在试图寻找一种新型的休闲娱乐方式。瑜伽正慢慢走出狭小的内部市场去发挥更大的影响力。

在瑜伽推广过程中发展合理有效的推广能力。从过程方面来讲,瑜伽的产业化从瑜伽最开始进入市场到逐渐成为一种产品,其推广过程符合现代市场经济的规律以及相关标准。从结果方面来讲,则表明瑜伽产业的发展壮大,是一种多元文化以及相关经济活动相互促进的结果。瑜伽之所以能够在中国推广得如此成功,就是因为在其发展过程中瑜伽能够很好地发挥创新能力,结合科技以及媒体的宣传力来使自己提高影响力。

在文化方面的创新是瑜伽能够成功推广的核心动力。这项运动包含许多文化内容,这种文化可以持续不断地进行积累传递,在这过程中不断接受各种变化的洗礼。在现如今市场经济的作用以及现代资本和科学技术的推动下,瑜伽无论在内容还是练习方法方面都有了很大的改善,这也极大地促进了其产业化的进程。

科技的进步是促进瑜伽产业不断向前发展最直接的推动力。为瑜伽的成功推广提供了直接的动力。新媒体的产生,方便人们了解瑜伽。新技术的产生,促进瑜伽练习设备的更新换代,使人们在练习的过程中更加舒适,起到更好的健身效果。

瑜伽产业的推广过程中,充分发挥了商业以及资本运作的作用。想把瑜伽发展成为一种成功的产业,就需要符合市场经济的规律,依靠商业以及资本的运作使瑜伽得到发展。商业运作的成功极大地促进了瑜伽的推广。商业运作主要是为了促进人们对瑜伽以及其衍生品的消费,关键任务是使市场营销达到最好的效果。为了达到上述目的,瑜伽在市场营销中做了大量的工作,明确了自己的市场地位。其消费对象是高收入人群,并将城市里的高学历女性作为未来市场的重点开发对象。在完善自身营销工作的同时,为了能够吸引顾客并和顾客保持良好关系,大多数的企业都实行会员制,以此为纽带为顾客提供更加周到的服务。

在营销过程中,相关企业注重内部员工的能力,积极地调动他们的积极性,让员工能够在工作中感受到自豪感和归属感, 使个人与企业达到双赢的效果。目前国内许多大型瑜伽集团都允许加盟连锁,在他们看来,内部营销尤为重要。为了使瑜伽产业能够做大做好,需要加强其商业的运作以及产品的经营以保证能够达到名牌效应。资本的进入能够有效地促进瑜伽发展,极大地刺激瑜伽产业。资本运作是相关产业能够得到持续发展的保证,是商业运作更高层次的形式。以亚洲瑜伽协会为例,为了保证瑜伽产业向前发展,该协会每年都会投入大量的资金建立地区性导师学院。

2.7 瑜伽在全球传播中取得成功的经验

首先,瑜伽的传播受到语言因素的影响。

从历史角度看,印度曾经被英国殖民统治,英语对于印度人的影响越来越深,印度的官方语言之一就是英语。正是基于这一点,来自印度的瑜伽名师在欧美等国家推广瑜伽时不会受到语言的阻碍。而我国太极拳没能在欧美国家得到很好的推广也受语言的影响,在欧美等国推广太极拳运动所使用的书籍英文版的比较少,外出宣传太极拳运动的教师英语水平一般,这些都使太极拳推广受到了阻碍。

其次,瑜伽的传播受到运动性质的影响。

瑜伽是一种纯粹的健身运动,但是我国太极拳则是包含武术性质的运动,武术具有竞技性质,具有一定的技巧性。随着社会的发展,带有技击性质的武术不再适合现代社会。太极拳在影响力上就不如其他休闲运动。因此,为了加强太极拳的推广,必须在宣传时突出其强身健体的效果,重点表现太极拳修身养性的优点。

再次,瑜伽的传播受到体式动作的影响。

经过不断地改进,现在的瑜伽招式比较简单,对于初学者比较容易上手,而且不需要复杂的训练就能达到一定的效果。但是太极拳讲究推手和套路,对于学习者有较高的要求,需要其不断去领悟,这就增加了太极拳的传播难度。吸取瑜伽的这一优点,我们在推广太极拳时就要对其拳法、套路组合进行简化。

3. 瑜伽与太极拳的比较

3.1 瑜伽与太极拳相通之处

中国与印度在文化上均属东方范畴,有相当多的共性。正如太极拳是中国传统文化瑰宝一样,瑜伽也是印度传统文化的一面旗帜。二者同为东方传统体育养生文化,自然不乏共通之处。

首先,太极拳与瑜伽在思想特征上有很强的相似性。太极拳和瑜伽都体现了自然与和谐的思想。瑜伽是印度先哲们通过观察体悟自然法则,在探求自然法则的过程中逐步开发形成的一套独特的修行方法。太极拳和瑜伽都主张顺应自然,笃信天人合一,认为人与自然不可分割。自然和谐的思想在太极拳、瑜伽中具体表现为它们的练习方式,主张通过"调身、调息、调心"三调合一来达到身心健康的目的。

其次,太极拳和瑜伽都有相对严密的养生逻辑,二者都以运动为手段达到修身养性的目的,其核心是人与自然的和谐统一,也就是所谓的天人合一。由于各自认识自然规律的角度不同,太极拳和瑜伽根据自身特点形成体系,两者运动的原理和方法也有所差异,但从整体的角度来审视,可以看出两者的都有严密的养生逻辑。从内到外,从精神内涵到物质表层,从关注练习者的内心世界到其生活习性及饮食习惯等各方面,太极拳和瑜伽均引导着练习者获得身心健康,围绕着人的方方面面就如何保持健康做出了细致的规划。

再次,太极拳和瑜伽的养生理念也颇为相似。太极拳作为中国传统体育运动,受中国传统养生哲学思想的影响,遵循阴阳平衡、动静结合的养生观,追求的是形体、呼吸、心神的和谐统一;瑜伽练习的过程是通过对身体运动和呼吸的调控,来对心理和情感产生积极影响,使得人在精神层面上达到一定境界。太极拳和瑜伽文化都能够有效引导现代人获得心灵的宁静,这也是太极拳与瑜伽能够在世界范围内得以推广发展的重要原因之一。

太极拳和瑜伽起源之初并非是现在被简化的健身方法,养生只是其产生后的一个附属功能。为适应现代社会的发展,满足现代人对养生的需求,寻求更好的发展,太极拳和瑜伽进而成为一种大众健身方法。太极拳是中国传统武术的一种,首先突出表现的是其"武"的属性,"技击"是其最重要的特征,是第一性的,其次才是健身功能。健身功能是其附属特征,是第二性的。瑜伽在印度历史上扮演着健身的角色,它却是作为辅助修行者而产生的。随着社会现代化进程的不断加快,人们对健康的需求越来越迫切,为了适应这种需求,人们对太极拳和瑜伽进行了简化和改造,保留并突出它们的健身养生功能。

3.2 瑜伽与太极拳区别

太极拳和瑜伽各自承载的文化不同。太极拳得以存在发展在于其独具的特性,一般认为太极拳是中国传统文化的代表之一。太极拳,来源于哲学思想,讲究心意想通、天人合一,在理念上倡导刚柔相继、以柔克刚、以静制动等,其中充满着深刻的矛盾论内涵,同时又倡导对立统一的辩证关系。太极拳以和谐的自然理念为指导,将理念落实到拳法中,通过个人与生态的和谐体现美学和养生学,对人呼吸系统、神经系统有很好的作用,即可以促进人的新陈代谢,又可以塑造人的思维方式和行为特点。

瑜伽在印度有着源远的历史。在印度,人们相信通过瑜伽可以将内在的自我与宇宙合一。瑜伽是东方古老的强身术之一,是人类智慧的结晶。瑜伽也是印度先贤在静定状态下,提升对生命的认知。

太极拳和瑜伽的文化背景也不相同。印度与中国都以农耕为立命之本。以农耕为主导的生产方式和相对封闭的地理条件形成了相对内向的民族性格,而在人文环境、气候等因素的共同作用下最终又形成了两种不同的文化圈。中国是以伦理关系为主导的儒家文化,以“仁、义、礼、智、信”为基本准则来“修身、齐家、治国、平天下”。儒家思想统领了中国几千年的历史,并且将继续影响中华民族的思维方式及社会行为。印度文化基本是一种宗教文化,宗教学说与理念贯穿在印度人的心灵与行动之中。瑜伽和太极拳就分别“生长”在这样两种不同的文化氛围之中。总之,瑜伽属于印度文化圈,功法中渗透着强烈的宗教意识,而太极拳一招一式皆彰显着东亚儒家文化特色。显然,瑜伽与太极拳存在着本质的区别。

除此之外,瑜伽和太极拳的运动特点、方法和健身原理不同。瑜伽完全没有武术技击内容,只是精神与肉体相结合的修炼,希望借助控制身心,在静定状态下追求心灵的超脱。瑜伽在印度属于身体保健范畴,并不列入体育竞赛之内。显然,“武”是太极拳区别于瑜伽最为显著的特征。太极拳和瑜伽都是一种缓慢柔和的运动,但事实上,这是两种截然不同的静法。太极拳讲究应敌时给对手“安逸”的假象,实则精神振奋,蓄势待发。实战技击时还要求后发先至,因此慢是为了更快。太极拳的后发也属于以静制动的方法。静不是不动,而是蓄势凝神,静势待发的沉着冷静。瑜伽用静来统领整个运动过程。动作缓慢,让身心都处于一种超自然状态,只有从内至外的静才可臻至身心合一的境界。印度民族有静默的特点,而这种特点又是与生俱来的。印度一直没有出现活跃的武术气氛也是明证。太极拳和瑜伽作为一种健身运动在原理上亦有区别。太极拳运用的是三调——调形、调心、调息的保健原理。调形也可称为调身,就是调节身体,使身体处于最有利于健康又合乎运动规律的状态下进行活动,进而消除紧张并建立放松机制。调心就是在心绪静、心态平、心情放松的基础上自主调节大脑功能,建立起新的兴奋、抑制转化过程。调以同时还有提高思想道德修养的意思,能让人时刻保持一种放松、健康的心态。调息就是呼吸的调节,从养生意义上来看,太极拳也是一种与呼吸吐纳有机结合的导引术。太极拳动以养形,静以养神,动静有度,刚柔相济。这种方式符合生命活动的客观规律,有益于健康长寿。瑜伽健身的原理是通过调整和控制呼吸并配合体位来刺激脑、脏器与神经，进而促进个体生理及心理健康。肢体动作以及锻炼目的的不同决定了锻炼的部位不同，同时锻炼的效果亦有差异。例如，太极拳对锻炼下肢力量及稳定性有很强的功效，而瑜伽则在锻炼上下肢协调上有独到之处；太极拳基本上都是两腿来回转换重心以求稳，瑜伽则多单腿独立以练平衡等。当然，对纯粹的体育运动所做的解释也许只是枝节性的，皆非本质，二者文化土壤的差异才是关键。

4. 瑜伽与太极拳的实践结合

2015年中国举办了“印度旅游年”。同年，中国国际太极·瑜伽大会开幕式上，大会秘书长林晓海先生提到，6月21日为国际瑜伽日，庆祝之余，林晓海先生向所有热爱世界、追求和谐共荣发展的人们发起倡议，将12月21日定为“国际太极日”。

图6–1　2016年中国国际太极·瑜伽大会启动仪式

2015年9月,大会组委会启动2016年中国国际太极·瑜伽大会,并将“世界因瑜伽而连接,因太极而共存”作为2016年中国国际太极·瑜伽大会口号。中国代表团已在印度采集瑜伽的圣火,之后又在中国采集太极圣火。12月21日,圣火火种在中国融汇,点燃象征太极瑜伽文化的火炬,之后将在全国及世界各国进行火炬的传递接力活动,让中印东方文化的圣火,传遍世界的每一个角落。

圣火采集仪式作为中国国际太极·瑜伽大会中印友好交流活动之一,受到印度当地媒体的大力支持,多家报纸对本次活动进行报道。

2016年是印度的“中国旅游年”,更是太极拳和瑜伽交流丰富的一年,众多合作的促成和协议的签署共同促进着太极拳与瑜伽的交流、进步与发展。同年5月26日,“瑜伽之都”印度乌塔兰恰尔邦瑞诗凯诗市与“太极拳发源地”河南省焦作市正式签署《太极文化瑜伽文化国际友好合作备忘录》。签署文件前后,印度瑞诗凯诗市市政委员会主席狄普·夏马先生和诸多外国友人详细考察了温县陈家沟。作为太极拳发源地,温县近年来始终着力保护好、使用好、发挥好太极拳发源地这个国际级品牌。此次合作是2016中国(郑州)国际旅游城市市长论坛活动的一部分,双方主要在太极文化、瑜伽文化的国际交流、文化品牌推广、旅游产业发展、职业教育等领域开展国际友好合作,积极探索如何进一步扩大太极文化、瑜伽文化的国际影响力和感召力的有力途径。通过太极文化和瑜伽文化纽带,双方各自加强本地民众、企业对合作城市历史文化的了解,并以此促进两地间文化、旅游、体育、教育、商务等领域的全面交流与合作。

2016年7月1日,“太极遇见瑜伽”中国河南省旅游推介会在印度首都新德里成功举办。河南省旅游局局长寇武江率领河南省旅游代表团向印度旅游界和媒体代表详细介绍了河南省旅游产品。中国驻印度大使馆公使衔参赞李碧建、中国驻新德里旅游办事处主任李千国、印度那加兰邦政府驻新德里专员Mr.Joyoti Kalash,印度旅行代理商协会北区分会会长、印度高尔夫旅游协会主席Mr.Rajan Sehgal,印度国内旅行批发商协会主席Mr.Jyoti Kapur,印度佛教遗产开发理事会主席Dr.Avind Alok，印度德里邦旅游部（旅游与运输开发公司）首席经理Mr.Sudhir Sobt以及印度旅游界和媒体界的近百名代表参加本次旅游推介会。

寇武江局长首先表示，河南是中华民族和华夏文明的主要发祥地，中国最古老的文字——甲骨文和中国功夫文化的源头均在河南。中国与印度同为世界文明古国，两国人民交往如中国、印度两国的母亲河黄河、恒河之水源远流长。2015年在中国举办“印度旅游年”，2016年在印度举办“中国旅游年”，掀起了中印两国旅游交流合作的新高潮，迎来了两国旅游业发展的黄金期。在2016中国（郑州）国际旅游城市市长论坛期间，“太极拳发源地”河南省焦作市与“瑜伽之都”印度瑞诗凯诗市签署了国际友好合作备忘录。伴随两国旅游业的快速发展，印度已成为中国重要的新兴客源市场，中国也是印度最具增长潜力的客源国。

中国驻印度大使馆公使衔参赞李碧建随后做了热情洋溢的致辞。河南省旅游局来到印度宣传推介河南省旅游资源，这必将进一步促进中印民间交往，为中印友好关系的发展打下更加坚实的基础。李碧建先生希望能充分利用此次河南省来印度推介的难得机会，为印度人民赴华旅游提供更多旅游服务产品。中国驻印度大使馆将尽其所能为中印旅游交往发展提供帮助和便利。

图6-2　太极拳和瑜伽同台表演

随后,来自印度的赵辉等人在现场表演了精彩的太极拳和瑜伽。随着音乐响起,中国的国粹太极拳和印度的国粹瑜伽同台表演,东方的两大文明成果精彩展示,震撼了所有的与会嘉宾。大家纷纷拿起手机和相机,记录下这难忘的一刻。河南省旅游局工作人员利用多媒体,详细介绍了"一河、两拳、三山、四都"的河南旅游资源,为大家展现了一个文化历史厚重、开放美丽的河南。

中国驻新德里旅游办事处主任李千国在会议上表示,本次活动是中国旅游对外交往的一项重要活动,也是开发新兴客源市场的一项重要举措。近年来,到中国旅游的印度游客持续增多,印度已经成为中国重要的新兴客源市场。河南省举办这次旅游推介,在推动中印文化旅游交流与合作的同时,也将吸引更多的印度民众到河南旅游。

推介会结束后,印度的旅行商就河南与中国其他省份旅游产品的组合、河南省的高尔夫旅游产品开发、少林拳太极拳功夫旅游产品宣传合作等,与河南代表团进行了认真的交流洽谈,达成了多个合作意向。当黄河遇上恒河,当太极遇见瑜伽,中印旅游部门的合作必将成为密切两国人民往来的助推器和加速器。此次河南省旅游局通过开展"太极遇见瑜伽"主题旅游推广活动,有力地推动了中印文化旅游交流与合作,必将吸引更多的印度人民关注河南旅游,到"中国历史开始的地方"河南省感受中国文化,体验休闲度假。

2018年6月19日,第四届中国(成都)—印度国际瑜伽节在四川省都江堰市开幕,本届瑜伽节共吸引了国内外千余名瑜伽和太极拳爱好者。19日上午,在都江堰市香港马术奥林匹克运动学校里,来自印度的瑜伽大师带领着瑜伽爱好者们,跟随着节拍,缓缓地拉伸四肢,慢慢地扭转身体,为瑜伽爱好者示范着各种优美的瑜伽姿态。参加此次活动的瑜伽爱好者们来自全国各地,他们中既有瑜伽初学者,也有资深瑜伽练习者,在他们看来,瑜伽带给他们的除了身体的放松,更有心灵的净化。据了解,本届瑜伽节举行期间,千余名瑜伽爱好者与九位举世闻名的顶级瑜伽大师共享瑜伽练习心得,感受中印两个东方文明古国文化的交流与碰撞。

图6-3 2018年第四届中国(成都)—印度国际瑜伽节活动现场

活动期间开展了熊猫瑜伽快闪、瑜伽对话太极、印度文化周、印度媒体访成都、成都媒体访印度、摄影大腕儿拍大师等配套活动。中国的太极拳和印度的瑜伽是两国文化的瑰宝,在瑜伽节期间,两种东方文明在都江堰相聚。2015—2017年中国(成都)—印度国际瑜伽节在都江堰市连续举办了三届,共邀请来自印度的世界顶级瑜伽大师三十多人,几乎涵盖了所有瑜伽派别。

第四届中国(成都)—印度国际瑜伽节的最大亮点就是将都江堰本土的太极拳文化融入瑜伽之中。太极拳文化将更多地向国际推广,通过传播所倡导的健康生活,为和谐社会创造良好氛围。活动举办者充分借助新媒体、自媒体等宣传工具,通过多层次的大众传播活动在国内外推广"中国(成都)—印度国际瑜伽节"这一品牌,使之成为既专业又大众,既权威又娱乐的大型国际交流盛会。这样的文化碰撞,引起国内外广泛关注。

七、从国际传播太极拳运动路径中反观印度传播

中华文明博大精深,文明需要交流和碰撞,这样才能够推动整个人类的进步。世界一体化发展趋势已经不可逆转,太极拳作为中国武术的代表之一也无可避免地需要进行推广和传播。

在国际传播和推广中,传播方式可简要概括为三种方式,这三种方式最为大众化。第一种是路径传播,中国向世界传播,这一传播的主要方式是通过国家或者是民间的相关组织以及武术机构。第二种是方向传播,国家对国家的传播。第三种是人群传播,国内人群向国外人群传播。就太极拳的国际传播方式来看,这种传播路径具有系统性、科学性以及较大的影响力,并且能够得到权威的武术组织以及国家相关部门的大力支持。

1. 高校传播路径

1.1 印度孔子学院的太极拳传播

随着综合国力的不断提升,我国在世界上的影响力也在逐渐增强,为了更好地宣传中国文化,增进与其他国家之间的沟通与交流,我国在世界很多地区都建立了孔子学院。孔子学院作为推广汉语的途径,也为我国太极拳运动的传

播提供了条件。

印度作为我国的友好国家，也是中国的重要伙伴。随着孔子学院在印度的建立，两国之间的文化交流日益密切。经过几年的发展，目前印度已经建立了多所孔子学院，在印度的孔子学院中，多半开设了武术课程，有两个学院专门开设了太极拳的课程，以方便印度学生学习太极拳。下表即为孟买大学孔子学院的太极拳课程教学内容。

表7-1 孟买大学孔子学院太极拳课程的教学内容

类型	名称	内容
理论课	太极拳的基本知识	1.武术的相关含义
		2.武术分类
		3.太极拳溯源
		4.太极拳的流派与发展
实践课	太极拳的动作学习	1.太极拳的简单动作
		2.太极步、太极推手等著名动作
		3.太极拳拳法学习
		4.动作观摩和体验
文化课	太极拳影音鉴赏	1.观看太极拳影片
		2.欣赏太极拳伴奏音乐
	太极拳与中国传统文化	1.软笔书法体验学习
		2.中医推拿体验

印度较为重视对中国文化的学习，这种重视不仅体现在高等院校，还体现在政府部门。印度政府为了方便学生对中国文化的学习，在官方宣传片中宣传太极拳，在师资允许的大学中开设太极拳课程。随着印度人民对中国文化认识的逐渐加深，不少人对太极拳运动产生了浓厚的兴趣，为了更好地增强中印之间的文化交流，传播我国太极拳运动，目前印度中印学院开设了数个太极拳的

培训班，并从我国邀请了专业的太极拳教练，专门负责讲解太极拳知识及教授相关动作要领。为了提高授课质量，教练针对不同年龄段的学员开设了不同的课程，经过一段时间的学习，学员们都取得了较好的成绩，在最后的汇报演出中，很多学员的动作完美展现了太极拳的和谐之美，获得了一致好评。

除此之外，在印度武术学院同样也设立了专门的太极拳培训班，共有30余名学员参与第一期的培训。经过为期两个月的系统培训，30余名学员顺利结业，他们将太极拳刚柔并济、动静结合的神韵表现得淋漓尽致，而且在教学期间，为了使学员们更好地了解太极拳文化，教练采用专门的太极拳礼仪，学生穿着正式的太极拳服，这不仅能使学员们更加深刻地认识中国文化的博大精深，还能提升学员对太极拳知识的学习兴趣。

图7-1　孟买武术学院学生在展示太极拳动作

孔子学院作为中国与世界交流的重要桥梁，不仅包含对汉语文化的讲解，还要弘扬中国五千多年的传统文化，让世界上更多的人了解中国文化的魅力。太极拳的教授依托于孔子学院不仅能够提高教学质量，还能够使太极拳获得全世界人们的广泛欢迎。

1.2 专业武校的太极拳传播

中华人民共和国成立以来，为了更好地弘扬太极精神，增强人们对太极拳文化的了解，我国设立了专门的太极拳院校，尤其是在太极拳的发源地。在高校设立太极拳课程较晚，而且课时设置也不合理，大部分高校只负责对动作要领进行讲解，忽略了对理论知识的教学。河南登封近些年在太极拳的传播上做出了非常大的贡献，其首次尝试以高校为载体进行太极拳文化传播。下面将对嵩山少林寺武术学校在太极拳国际传播方面所做的努力进行简单介绍。自中华人民共和国成立以来，有越来越多的人到来陈家沟学习太极拳。很多人来到目的地看不到任何关于太极拳的内容，只能失望而归。

为了弥补这种遗憾，少林寺于1980年成立了第一支太极拳表演队，专门负责表演太极拳。随着游客的不断增多，少林寺在世界上的影响力越来越大，为了满足人们对太极拳的求知欲，少林寺决定成立专门的太极拳学校，负责讲解太极拳知识并教授太极动作，这就是嵩山少林寺武术学校的前身。由于嵩山少林寺武术学校成立的主要目的是使更多的人欣赏太极拳，所以其肩负着为游客表演的任务，随着影响的不断增大，嵩山少林寺武术学校的规模也在逐渐扩大，所承担的责任也在逐渐增加。

20世纪末，嵩山少林寺武术学校开始尝试接受国外的学员，到21世纪初，嵩山少林寺武术学校的教学形式和内容都发生了较大的改变，在形式上，嵩山少林寺武术学校不仅肩负着招收学员的职责，还增加了对外交流的功能，近些年，教练受邀参加对外执教、参加电视节目的次数逐渐增多。在2007年，我国两名资深的太极拳教练受越南邀请参加相关交流活动，在2008年，又有另外五名太极拳教练到瑞士参加为期半年的文化交流活动。此外，嵩山少林寺武术学校还在诸多较为重大的体育盛会上表演节目，如雅典奥运会开幕式、北京奥运会开幕式等,这些活动都展现太极拳悠久的历史文化。

为了进一步加大太极拳的影响力,北京少林武术学校先后开办了多次武林交流大会,弘扬太极拳文化,并致力于将其打造成中国的品牌文化,使更多的人了解太极拳的精髓,增大太极拳在世界上的影响力。

1.3 国内外太极拳教练的交流

太极拳教练的交流活动是推广太极拳的有效方式之一,通过专业教练出国援外,增强外国人对太极拳的了解,提高太极拳运动在世界上的影响力。

目前,无论是高校还是专门的武校都十分重视出国交流的作用,最近几年,相关院校的专业教练无论在出国频率还是出国数量上都有所提升。派专业太极拳人员进行出国访问能够使世界人民对太极拳有更加深刻的理解,而且出国访问的人员一般造诣都较高,代表了我国太极拳发展的较高水平,能够更好地将太极拳精神传播到世界各地,增强我国与国外文化的交流与碰撞,不断丰富我国太极拳文化的内涵,促进太极拳的发展。

中国国内有很多专业的太极拳人员,他们不仅负责传承长期积累下来的太极拳文化,还是发扬太极拳文化的主要力量。其中,朱天才是较为有名的太极拳专家,他从小痴迷太极拳,习练数十载。朱天才每天都坚持练习太极拳,而且还在公园内指导学员学习太极拳的技术要领,吸引了越来越多的年轻学员。印度太极拳著名拳师德赛先生,师从朱天才,这对于太极拳在印度的传播起到了重要的作用。

2. 太极拳组织机构传播

2.1 太极拳专业培训班

目前,在国外开办国际化太极拳培训班也是我国推广太极拳文化的方法之一。这类培训班主要由太极拳协会监督组织。美国唐人街是太极拳培训班发展较好的地区之一,目前当地有六个太极拳协会组织的培训班在积极推广太极拳文化和运动。虽然这些培训班的教学内容分别属于不同的太极拳门派,但是不同的门派只是内容和讲述角度有所不同,其本质都是向世界人民介绍和推广太极拳运动,不同门派的太极拳还为国际学习者带来了不同的选择。这些民间太极拳培训班通过自下而上的方式宣传了太极拳文化, 即使没有当地政府的支持,也能够在民间掀起学习太极拳的热潮。但是,不可否认的是,这些培训班在培训过程中将重心放在太极拳动作、技法的教授方面,对于太极拳所蕴含的丰富历史文化涉及较少。当前我们应当鼓励国际上此类太极拳培训班适当地在课程中加入太极拳文化等内容,让太极拳真正从文化层面产生影响,增强我国文化软实力,使得学习者不仅知其然,更能够知其所以然。

2.2 公益健身太极拳宣传

在社会经济发展达到一定程度后,社会上的公益活动会增多。人们通过进行公益活动回馈社会,实现自己的人生价值,或是为自身或是为企业创造良好的社会形象。太极拳的国际化宣传也选择了公益服务这种方式为其聚集人气,这一方式在国际活动中为太极拳运动的推广带来了极大的便利。比如,太极拳协会通过与中国集邮中心合作设计专属邮票、电话卡,极大地推动了中国文化在世界范围内的推广和传播。包含太极拳拳法的邮票、明信片和电话卡有可能实现全球发行,能够让外国友人直观感受太极拳的魅力。

3. 太极拳表演与比赛活动

3.1 太极拳比赛

除了在各个国家举办小范围、小规模的太极拳比赛进行文化推广之外,我国还积极促成和推动世界传统武术锦标赛中太极拳项目的发展。世界传统武术锦标赛从第五届开始便将太极拳列入正式比赛项目。在第五届世界传统武术锦标赛中还增加了太极拳嘉宾表演环节,向国际社会宣传太极拳运动。

20世纪末期,我国国内的太极拳运动开始向国际化发展,河南省焦作市温县通过举办国际太极拳年会,吸引了国内外一大批对太极拳感兴趣的人士参加。

进入21世纪,我国太极拳运动的对外活动越来越多,焦作市作为会展城市,先后多次举办国际太极拳交流大会,通过大会,吸引国内外在太极拳方面有所成就的人士共同交流。这项活动在党和国家的领导下和当地政府的支持下,发展成为国家级体育赛事,由国家体育总局直接主办,成为我国官方组织的一项推广太极拳运动的活动。

1992年, 第一届国际太极拳年会吸引了来自20余个国家的300余名太极拳运动员参加,来自国内的太极拳运动爱好者更是达到了3000人。

2018年中国武术国际邀请赛在卢旺达收官。该活动由卢旺达大学教育学院孔子学院举办。近年来,中国武术文化在卢旺达传播广泛,已经成为中卢之间文化交流的重要桥梁。邀请赛上,竞赛项目包括五步拳、长拳、南拳、太极拳、刀术、棍术等。目前卢旺达有23家武术俱乐部,分布全国各地,约有2500名武术注册学员。此次中国武术国际邀请赛邀请了来自坦桑尼亚、肯尼亚、赞比亚等国家的200多名选手参赛。

卢旺达文化与体育部司长迪迪埃表示,武术已经成为卢中人文交流的重要载体。很多卢旺达选手代表国家参加国际武术大赛并赢得金牌。据了解,卢旺达大学教育学院孔子学院注册学员已近5000人，卢旺达武术协会有2000多名学员。卢旺达大学教育学院孔子学院从2010年开始在卢旺达推广中国武术,目前已有广泛的群众基础,少儿学武人数在不断上升。这一系列活动在国内外获得了极大的反响,提高了人们对太极拳运动的兴趣,极大地促进了太极拳运动的发展和传播。

3.2 太极拳表演

北京奥运会圆了中国百年奥运梦,在北京奥运会开幕式上,太极拳作为武术代表之一登上了奥运会的舞台。太极拳以其独特的魅力征服了全世界的观众,壮观的场面让人们进一步加深了对这一运动蕴含的历史文化的了解。太极拳蕴含的“天人合一”思想在开幕式上展现得淋漓尽致。北京奥运会这一盛事为太极拳事业的发展创造了一个十分有利的机会。

我国在国外开展的太极拳比赛活动虽然规模较小,但是影响深远,通过活动极大地促进了国际上对太极拳的学习兴趣。在所有的国际性比赛中,规模和影响力最大的莫过于波兰的太极拳比赛。比赛不仅聘请了我国优秀的太极拳拳师作为活动顾问进行特别指导,还联合波兰当地著名的太极拳教练共同指导学员练习拳术。波兰政府对于太极拳运动的推广与传播也做出了极大贡献,多次举办官方太极拳比赛活动,鼓励人们学习这项古老而富有韵味的运动。

太极拳技法中借力打力的方法较多,其强调不以暴制暴,而是通过柔和的方式化解对方的攻击,整个过程没有其他武术打斗的激烈惊险,充满了和谐的美感,非常符合中国古代道法自然的审美观点。在太极拳的世界中,看似相互对立的两方面却实实在在地存在于一个和谐稳定的系统之中。太极拳的修习也讲究自身与周围环境和谐共生,达到内外兼修,使自己内在的精神与外界环境达到最大限度的融合交汇。太极拳表演无论给观众还是表演者自身都会带来极大的精神享受和情感慰藉。

太极拳的技法讲究展现和培养神韵。表演者能够通过行云流水的动作将太极拳的神韵表现出来，而观众则是通过观赏得到美的熏陶，极大地提升自身的审美能力。太极拳虽然看起来招式柔和，每一个动作都不紧不慢，有自己的节奏韵律，但其实太极拳对表演者要求很高，让人们通过太极拳动作就能感受到中国传统文化的魅力。

动静结合，虚实结合，这又是太极拳的一大特色。虚实结合的概念就是指太极拳招式之间有虚实之分，一虚一实的招式要相互配合，每一处虚招都应该有一处实招与之对应，每一处实招也是由此类推，整个过程如同错综复杂的围棋对弈，虚虚实实，让人在细细拆解、反复辨认的过程中感受到太极拳的魅力。

4. 太极拳的媒介传播路径

4.1 杂志传播

进入21世纪，随着我国太极拳运动的发展，其宣传方式也发生了质的改变。前几年，河南温县发行了《太极拳》杂志，展现温县太极拳运动的发展，提供太极拳知识，发布太极拳活动信息，提供一个太极拳爱好者相互沟通的平台。发行地设在太极拳的发源地，不仅为当地带来新的经济增长点，同时也能够保证向人们提供更加地道更加富含文化韵味的报道。

随着中国经济实力的增强，文化软实力越来越受到人们的重视，太极拳凭借这一阵浪潮进入了世界人民的视野，并且渐渐受到世界各国人民的喜爱和追捧，成为世界了解中国文化的重要载体。像《太极拳》这样富有文化底蕴的杂志通过直击人心的方式，直接将中华文化传播开来，与太极拳本身一文一武，相得益彰,在国际太极拳热潮的推动下走进千家万户。

除了国内杂志的配合与发展,国际上关于太极拳的宣传在太极拳运动的传播过程中也占有重要的地位。《时代周刊》曾经在报道中将太极拳誉为“完美运动”,以其深远的影响力为太极拳的传播做出了巨大贡献。与此同时,国际上一些专业的医学团队将太极拳作为自己的研究课题或对象,从西方医学的角度对太极拳进行解读。随着中国热的不断升温,学习和喜爱太极拳的人们在不断增多。西方一些国家将太极拳视为一种调理身体功能的运动,认为其能够预防心脑疾病,强身健体。

当前我国已有四种太极拳专项杂志,分别从不同角度论述太极拳的文化和特点。在综合性杂志中,太极拳往往作为中华武术的一个重要组成部分进行论述。当出现全国性或国际性太极拳活动,更是会增加宣传力度。尽管在这些综合性杂志中,太极拳的内容只占一部分,但这仍然为推动和传播太极拳运动发挥了自己的作用。

4.2 网络媒体传播

互联网是人类在20世纪乃至历史上非常伟大的发明之一,其为人类带来一种全新的文化传播方式,哪怕足不出户,也能够收到来自世界各地的信息。互联网传播打破了传统意义上的单一形式传播,而是能够实现声光色在同一时间同时传播,极大地丰富了人们的文化生活,拓宽了人们的视野。

进入21世纪,太极拳运动的传播发展也发展到了通过网络传播这一阶段。通过互联网进行传播,能够不受时间与空间的限制,最大限度地提高太极拳的传播效率。利用互联网的高效互动的特点,吸引各类太极拳运动的爱好者聚在一起,共同推动了太极拳文化的发展繁荣。网上传播太极拳这一方式发展速度极快。网络传播能在很大程度上增强宣传的力度与广度,能够将传统传播方式的优势集中在一起,在第一时间让人们获得最新信息。

4.3 电视媒体传播

太极拳在网络传播中可以合理运用有效的资源。黄河电视台电视孔子学院试播仪式于2008年12月17日在山西省太原市举行，并且在当月18日开始向美洲试播。黄河电视台电视孔子学院全天24小时播出，其节目进入美国400多所大学、7000多所中学和50多家城市有线电视网，受众人数约有1500万。太极拳作为中国文化的重要组成部分完全可以融入其中，在电视教学频道中进行国际推广。

推广者可以将黄河电视台电视孔子学院视为太极拳发展的新契机，借此推动太极拳的网络传播工作，打破太极拳难以走入海外大众的困局，同时积极拓展新的宣传方式，与时俱进地推动太极拳事业走向发展繁荣。

5. 反观太极拳在印度的传播

太极拳运动传入印度的时间并不长，整个印度社会对于太极拳运动的认识还不充分。在印度校园中，太极拳运动才开始兴起。不过万事开头难，良好的开端便是成功的一半。当前太极拳既已在印度校园中逐渐受到欢迎，他日定能在印度社会广泛推广。

作为向印度社会推广太极拳的试点，校园因其独特的包容性可以为后续的推广积攒经验。为此，我们有必要了解太极拳在印度校园的宣传推广，为将太极拳发扬光大而积累经验。

5.1 太极拳在印度学校的传播

太极拳文化博大精深，源远流长，根植于中国数千年传统文化的肥沃土壤之中，拥有广泛的群众基础。太极拳不仅能够强身健体、养生保健，还能修身养性、陶冶情操。

太极拳作为我国一种古老的拳种，是中国传统文化中的优秀代表之一。太极拳运动的有效传播具有深远的意义。传播要想顺利有效，就必须依赖科学的方法，而方法的制定则受到传播目的地文化、生活、社会等方方面面的影响。印度人的生活较为闲适，针对这一特点，我们在传播太极拳时要尽量采用丰富的形式，充分调动印度人的积极性，让他们有足够的兴趣参与到太极拳的学习中来。对于这些形式的设计，要坚持将中华文化、太极拳与当地风土人情、文化习惯相结合，创造出印度人喜闻乐见的太极拳运动的传播方式。例如瑜伽是印度文化的一部分，在太极拳的传播中就可以尝试与瑜伽相结合，创新出印度人既熟悉而又不同的新形式；再比如，随着生活水平的提高，越来越多的印度人开始注重养生，这就给我们传播太极拳运动带来了灵感，可以大力宣传太极拳的养生功效，并参照印度人的生活习惯进行适当的改变。

瑜伽和空手道在全球范围内广受欢迎，究其原因不难发现，瑜伽动作难度低，空手道技术要求少，这些特点使其学习门槛低，容易上手和练习。这提醒了我们，在推广太极拳的过程中，适当地降低我国传统太极拳复杂的动作招式和技术要求，以增加太极拳推广的成功率。接下来，笔者将对太极拳在推广宣传过程中的内容与方法进行阐述。

八式太极拳具有动作简单、老少皆宜、难度适当、简繁得当的特点，因而广受大众的欢迎。尤其是对于没有太极拳基础的初学者来说，八式太极拳尤为适用。此外，经常练习八式太极拳，不仅可以强健体魄，有益身心健康，还能在特殊时刻成为抵御危险与伤害的有力技能。八式太极拳仅有的八个动作，基本涵盖了太极拳的精髓，特别适用于教学推广。在印度校园中推广太极拳，采用八式太极拳进行教学，不仅便于学生记忆、规范其动作招式，而且由于打完一套八式太极拳的时间很短，学生可以随时随地利用碎片时间进行学习与练习。

太极拳在课堂上的推广可以考虑将对抗技艺与训练结合，将健体强身与太极拳的结合,将太极拳和当代锻炼方式结合,将太极拳和汉语教学融合等众多方式来丰富太极拳的内容,从而使得太极拳更容易为印度学生所接受。

将对抗技艺与训练结合。太极拳在一定程度上能强身健体,但这只是其中一部分,太极拳本身更是一种集攻防于一体的武学。所以,在太极拳的教授过程里,不可以仅仅传授拳法套路,也应该关注对抗中的攻防技法。太极拳不是不强调打,而是不轻易乱打。太极拳首先强调的是要学会保护自己,其次才是考虑打的问题。

太极拳看上去缓慢柔和,但是表面的缓慢柔和不是太极拳的最终形态和目的。这种缓慢柔和是一种载体,将练习者带入更高的境界。攻防技术的演练可以成功吸引一部分印度习武爱好者, 因为这能跳过拳法套路练习的枯燥无味,让学习者在攻防技法中找到学习太极拳的乐趣,进而深入了解太极拳的精髓。

将健体强身与太极拳的结合。太极拳在世界范围内扩散的过程中,需要加入我国众多养生保健的内容,这样做可以使太极拳的内容更加丰富,太极拳拳师在讲解的过程中能让外国学习者感受到中华文明的魅力以及中国文化的丰富多彩。例如教授一套八段锦,简单的八个招式,既容易学,又有明显的强身健体的功效,非常适宜群体一起练习,是初学者的最佳选项。八段锦的所有招式均可以引向更复杂的太极拳拳法,作为热身内容,不仅可以加强人体的柔韧度,更能为初学者打下一定的学习基础。

将太极拳和当代锻炼方式结合。太极拳是古人智慧的结晶,是我国文化沉积的成果。伴随着社会的发展,文明想要获得人们的拥戴,必将深度挖掘和改良,才可能满足人们日益提高的需求。例如印度的瑜伽。如果在教授太极拳的过程中,适当引入一些瑜伽与此相关的理念,不仅可以提高学习者的积极性,还能把枯燥的课堂变得更有活力。如果此时课堂内有瑜伽的爱好者, 就更能拉近师生的关系,更大地激发初学者的兴趣,最终完成太极拳文化的扩散。

将太极拳与汉语教学融合。近年来,伴随着我国综合国力的全面提升,全球范围内对于中国的关注、研究越来越多,显著例子就是席卷全球的"汉语热"现象。通过对瑜伽成功推广的原因进行研究,不难发现语言是促使其成功必不可少的因素。这给了我们很大启发:在推广太极拳时可以借助汉语的吸引力与影响力,而在校园内掀起类似于"汉语热"的"太极热"。众所周知,汉语和太极拳都是文化的具体表现形式,将这两种文化符号相结合,定会在当今全球化的趋势下发生奇妙的反应,吸引更多的人前来感受中华文化的熏陶,从而获得意想不到的收获。

课堂教学不仅需要太极拳丰富的教学内容，而且也需要合理的教学方法。笔者结合前人的研究以及自己的感悟，得出太极拳教学可以运用的教学方法，如游戏法、快学慢练法、视频法、情景法等。

在校园中推广太极拳可以采用学生们喜闻乐见的游戏法进行教学。爱玩是人们的天性,太极拳和游戏完美结合而成的这种全新的教学模式,不仅能吸引广大学生的兴趣,使其参与到太极拳学习中来,更能让学生通过此来强健体魄,对学生的身心健康大有裨益。如何将游戏与太极拳相结合,是难点,也是重点。在设计游戏的时候,要考虑游戏的规则、组织形式等内容,在游戏实施过程中游戏组织者更要结合各方面因素全面考量,游戏的安全性是首要因素。目前尚未发现将太极拳与游戏结合的案例，所以在此列举相关武术游戏的实例加以说明。比如弓步角力,其目标为提升力量和协调能力,体会武术中借力用力感觉。弓步角力在平坦场地上开展,方法是两人一组,两人同出右(或左)脚,两脚外侧相抵,成弓步姿势,两手相握,采用拉、推、拽等技法,迫使对方脚先移动者为胜。游戏规则为两人双手只能相握,不许用手击打对方的任何部位;握紧的手在游戏结束前不能松开,可以采用三局两胜制或五局三胜制的方法,未获胜的人做体能练习或才艺表演。

图7–2　塞尔维亚诺维萨德大学孔子学院太极课上，
孔子学院志愿者教师对太极拳拳法进行分解讲解并示范，
学员们正在认真学习

图7–3　柬埔寨皇家科学院孔子学院志愿者教师张煜东
为学生上太极拳课

快学慢练的方式往往是健身爱好者的常用方式。国内太极拳爱好者通过亲身试验，发现这种方式的收效最佳。快学慢练的核心是把繁杂的套路放慢节拍，根据动作的特点划分成很多节，再把一节的内容单独拿出来详细教授。这样方便学习者记熟每个动作的要领，待所有动作都掌握以后，就能将整套太极拳连接起来，更深入地去理解。通过了解学习者的喜好，例如攻守、搏击等，将这些与太极拳相关内容融合在一起，每个基本动作单独练习，重复多次。满足学习者对于攻防、搏击好奇心的前提下，帮助学习者记忆动作套路。学习者把每个动作都记住并且能够熟练掌握之后，自然而然就能进入太极拳的平和韵律当中了。此时正是进一步参悟和感受太极拳的时刻，在这个过程中加强自我管控力度和融会贯通的能力，就能让学习者彻底掌握太极拳的诀窍。

布鲁克大学孔子学院的陈洪富院长习武20年，对太极拳理论深有研究。陈院长在为运动学系学生上太极拳与养身课时，以一张太极八卦图打开学生对太极拳哲学理念的认识之门，并采用互动提问的方式引入太极拳健身原理与训练原则等理论问题。其中可借鉴的就是运用太极图像、标识和太极拳服饰等方法推广太极拳。

图7–4　布鲁克大学孔子学院中方院长陈洪富为运动学系学生上太极拳与养身课

电子媒介同时具备听觉和视觉双重效果,在众多的传播形式里面,属于一种独特而全面的方式。图像、文字、声音、色彩有机结合,并且将上述因素一同迅速传递给观众,带给人以身临其境的感受,带有很强的娱乐性。首先,教师可以把和学习者一同参与的各类大型活动的照片输入电视内,设置循环播放模式来展示给学校领导及家长, 向学生和家长展示太极拳教学在校内的开展情况,家长看到照片后会积极寻找孩子的身影,进而会更加关注太极拳。其次,教师在每次课程结束以后给学生安排课后作业,相应的指导语可以参考:“中国功夫举世闻名,在座的同学里面一定有人想要学习中国功夫。我想告诉大家的是,我们前面活动涉及的太极拳就是中国功夫中的重要内容。我们能够有机会欣赏并且学习太极拳,这是多么幸福的一件事。下课以后,我希望大家能去查找并观看以中国功夫为主题的电影,等到下次课我们一起分享大家观看的电影内容,这样就能了解到更多的中国功夫了。”第三,教师可以向学生播放某些合适的与太极拳有关的竞技视频并让学生现场实操, 让学生见识一下真正的太极拳竞技技术,从而进一步激发学习太极拳的积极性。

图像和标识能够利用照片从视觉角度完成信息的传递。图像可以让空洞的表述变得更加具体、生动、真实,具有语言不可代替的表现力,在运用方面显得更加灵活、方便。把太极拳学习者参与各类相关活动的照片或者是报道中的相关图像张贴在宣传栏上,这样可以引起学生家长以及学生的关注,还能够激发学习者的积极性,引发他们想要参与活动的欲望。用征集太极拳标志的活动引发学习者们的兴趣。让每个学习者都参与到这项活动中,为了达到良好的活动效果,应设立评选环节,选出最佳作品并给予一定的奖励,多设置一些奖项,提高学习者的参与度。这个活动的核心是扩展学习者在太极拳方面的想象,让每个成员对太极拳的独特的理解都能大胆展现出来,与同学们一同交流。活动可以以班级为单位评选出一件得到大家认可的作品,以此作为班级的标志,将其印于班级的集体服装上，运用集体荣誉感对学习者的引导作用，并解决了集体活动的服装问题。除此之外，还可以把有关太极拳拳法套路的图片贴在教室内，在日常学习生活中通过视觉刺激的作用帮助学生去理解太极拳，更能刺激学习者一同模仿，相互指导帮助。将图像与服装相结合，也是文化的一部分，它和图片起到的作用相似，但是更真实，带有身临其境的感受。穿着上专门的服装就代表着进入了不同的角色，服装能够作为学习感悟的辅助工具，增加学习者对于一项技能的热爱程度。在大型的太极拳集体表演中，要集体定制专门的服装。

5.2 太极拳在印度社会的传播实践

太极拳的传播方法可以借鉴夏令营模式。夏令营作为传统教育的一种补充，超越了学校教育和传统的家庭教育，给予学生不同的学习体验，对于学生而言，在夏令营中能够学会在团体生活中如何与他人沟通合作，培养吃苦拼搏的精神。夏令营为学生了解社会打开了窗口，既可以让学生在社会实践中拓宽思维，锻炼身体机能，丰富人生阅历更能塑造他们的思想。

我国已经有很多较为成功的案例。2012年7月，为进一步推广中华文化，促进中、意双方中学间的交流和合作，博罗尼亚大学孔子学院组织首届意大利中学生汉语夏令营活动，并组织意大利中学校长团访问中国。中学生汉语夏令营于当地时间7月8日从博洛尼亚出发，赴北京以及石家庄第四十二中学进行访问学习。博洛尼亚大学孔子学院与河北省教育厅、石家庄第四十二中学等方面多次沟通，共同为学生们组织了丰富多彩的学习和参观活动。在石家庄第四十二中学期间，中学生们上午学习汉语知识，下午体验中国传统文化。学生们沉浸在中国书法和国画的神奇线条中，陶醉于中国歌曲和京剧的美妙旋律中，一张张精美的剪纸作品出自他们手中，而太极拳也被他们打得有模有样。通过两周的学习和生活，他们不仅提高了汉语水平，更是对中国文化有了深刻地了解。同时他们也与当地中学生结下了深厚的友谊。

图7-5　意大利中学生学习太极拳

这些夏令营活动使得外国学生有机会走进中国,真实地接触并感受中国传统文化精髓。对于外国学生而言,中国的文化和历史是陌生的,但是反过来看这更能激发他们的兴趣,切身感受博大精深的中国文化对于他们来说是一种美学体验。他们可以直接接触最正宗的中国太极拳,可以亲自体验这种拳法技艺。

我国将太极拳作为一种表演项目进行推广传播,并且太极拳因其独特的拳法和技艺可以自成表演活动。表演活动是有组织性、代表性的,通过表演活动可以给人们带来美的体验和感受,并且有直接性的宣传推广效果。因此将太极拳作为表演项目，可以使得太极拳在整体呈现上更能给予人们直接的视觉冲击,给人们留下深刻的印象。在相关学校举行太极拳的表演活动,不仅能给予学生展示自我的机会,更能增强他们的自信心和自豪感,推动学校对于太极拳教学活动的开展,完善太极拳的教学。

具体而言,将太极拳作为表演活动可以让其更好地走入人们的视野,通过舞台表演可以加深人们对于太极拳的认知。舞台表演只是宣扬太极拳的一种手段和平台，社会可以给予太极拳更多的发展空间，民间太极拳的宗法名师和太极明星都可以作为太极拳文化的传承发扬者，影响周围的人参加这种有益的活动。很多进行太极拳表演的人，大多通过舞台检验了自身的练习成果，锻炼自己的毅力并且在不断挑战突破自我；而组织活动的人大多是为了相关活动宣传以及切磋太极拳法，这既可以加强双方的交流，又可以扩大社会影响力，唤起大众对太极拳的重视。

通常情形下，事物的传播都会依靠相关组织机构或者是场所，在国际上进行传播更是如此。空手道在国际上传播较为成功，其便是通过组织机构使得传播规范化。同样的道理，我们进行太极拳的传播时也能够依靠组织，例如建立工作室便是第一步。事实证明的确如此，我国太极拳工作室在2013年开始运行，此工作室的建立具有重大意义。

太极拳工作室主要有以下几种功能：首先可以作为专业训练场所，培养学生们的兴趣；其次可以作为活动的体验中心和文化的传播中心，通过各种形式宣传推广太极拳；最后则是可以作为排练和演出的场所。太极拳工作室的建立

图7-6　日本首家专业太极拳工作室

具有积极作用。

太极拳工作室的重要意义：工作室可以作为项目策划和活动策划基地，作为宣传推广的试点地区，为后期全面传播奠定好基础；工作室往往建立在繁华的中心或学校地区，可以更集中地宣传太极拳，并且可以作为学校开展太极拳课程的训练班依托点，使学生得到更加专业化的训练，在这些学生中可以选拔出色的学生进行专项培养，甚至可以组成专业的队伍参加交流活动以及竞技比赛；工作室天然就是宣传太极拳文化的场所，可以排列展示相关的服装道具等。太极拳工作室建立之后，开始招收兴趣班学员，其主要目的是为了给学生更加专业的训练以提升他们自身的水平和素质，以便朝着竞技比赛的目标筹备日常活动。为了后期的良好运作，太极拳工作室可以定期推送相关活动，例如播放相关主题电影以及开办拳法拳谱展览等。

八、太极拳运动在印度的发展对策与思考

1. 注重太极拳人才培养

1.1 加强国内太极拳教师自身的中华文化修养

国内专业的太极拳教师数量较少,难以满足所有求学者的需求,在市场经济的影响下,很多不专业的人无法正确地传播太极拳法的内容和精髓,这都导致太极拳在传播中大打折扣。作为文化传播者不能仅仅懂得皮毛,这样不仅会随着工作的不断深入渐渐感到无从适应,还会使海外受教者对中国文化形成刻板印象,无法了解真正的中国文化是什么。本土武术人才的缺乏成为抑制太极拳运动在海外进一步大规模传播的因素之一。除了国内向海外输送优秀的教师资源介绍中国文化外,在这个过程中更应该培养本土师资,建立一个立体化师资体系。通过奖学金、交换生等多种手段切实加强本土教师的培养和储备,这样有利于未来中国文化大规模长久地有效传播。

作为海外一线的文化传播者而言,需要克服以自己的文化为本位的思想,在传播的过程中要切实考虑到因各国文化差异所带来的实际困难。在精通本国文化的同时也要深入了解与研究所在国的当地文化,深入到当地民众之中,探

究文化之间的不同。要注意避免千篇一律的照本宣科,真正提高文化传播的效果。

1.2 重视海外太极拳教师的教学反馈

培养有素质的海外师资,要建设高水平的教师队伍作为海外文化传播最前线的一线教师。文化传播者要做到及时处理海外太极拳教师的教学反馈。

随着太极拳运动在国外的传播,我国越来越多的教师在国外开展教学进修活动。但是各国的文化历史不同,条件各异,因此在传播过程中会产生许多困难,认真研究文化推广在不同国家所产生的问题和难点,及时总结经验和对策,将传播中国文化不断向前推进,使得中国文化在所在国发扬光大。海外教师可以加强彼此的沟通交流,借鉴各自的经验,充分利用网络平台进行信息的发布和交流,在综合平台上进行教学的反馈,汲取各自的经验,采纳不同的建议。

1.3 加强传播者的外语水平

我国已经全面开始对太极拳国际化的推广,在国际化的传播过程中可以使用多种语言,但是要注意灵活使用。很多中国语言文字用英语表达会有词不达意的感觉。太极拳的一些专用词汇用英语表达,很容易翻译成很长的一段词语,有机械的感觉。例如太极拳的基本动作“金刚捣碓”,其利用神话传说来形象地描述了太极拳的一个动作:右手捏拳如杵之势,左手曲如臼之形,右拳落于左手心中,如石杵捣碓,整个动作仿佛如金刚之手持握降摩杵。中文和英语是有很大的差异的,其中包括对相关概念上的理解不同,这就要求我们需要精通英文,并且能够找到准确阐述动作、意境的词汇语句。由此可见,对于传播人员外语水平的加强是非常重要的,这是关于传播能否达到相关深度的关键。

1.4 形成双赢的人才培养机制

随着全球化进程的加快,人们对于太极拳运动的关注度不断上升,太极拳教师作为传播的主体,与太极拳在海外的推广密切相关。在印度高校太极拳课程中,只有个别体育教师有专业文化背景,比如孟买大学孔子学院和中印学院的教师大多并非专业太极拳老师,可以说大部分高校中专业太极拳师资还是相当匮乏的。印度本土太极拳拳师一般练习时间较短,他们多数师从中国的太极拳拳师,国内太极拳拳师的水平直接影响他们自身的太极拳水平。因此,可以适时组织印度的太极拳教师和学生到中国进修,同时邀请国内太极拳名师来印度参观指导甚至开设太极拳学校,这样印度老师就可以学到正宗的太极拳,中国太极拳拳师也可以前往印度教授太极拳,并且能够进一步尝试商业开发,以形成一种互利共赢的发展模式。

2. 充分发挥中文学校的优势

2.1 增加政策和资金支持

在世界经济领域,中国用一个个真实的数据告诉世界中国正在崛起和迅猛发展,中国的各类制造品远销世界各地。但与此相反的是,在语言文化方面,中国和西方的交流处于严重逆差状态。

我国目前与印度在太极拳方面的交流大多是中国派遣太极拳名师去印度进行交流。太极拳在印度进行传播,首先要得到持续性的资金支持,才能够提高传播质量,拓宽传播途径,多形式多角度进行交流。有利的资金支持是我国太极拳进行有效传播的保障。

2.2 合理规划学校资源配置

调查发现,印度仅有少数大学开设了太极拳课程,虽然纳入了体育教学当中,但是太极拳教授也大多停留在模仿拳法。积极开展太极拳学校教育,要将理论与实践相结合,这是印度太极拳运动未来发展的新趋势。

太极拳在印度的传播最初是以学校作为起点的,最终则要从学校走出去,使印度社会都能接纳太极拳。但是由于印度的学校并没有专业的太极拳教师,也没有专业人员指导实践,因此学校有必要对有限的资源进行合理的规划配置。首先发展好学校资源,合理分配人力物力和财力,使太极拳作为普通课程让所有学生都能理解和接受,有了基本的文化传播基础之后再进行面向社会的传播。公共传播具有受益范围广、对象多、条件复杂等特点,因此对于太极拳的传播对象也应该有针对性。成年人以及真正对太极拳感兴趣的人应该是重点传播对象,他们对于太极拳有学习的需求和热情,更可以作为传播主体影响更多的人学习太极拳。这是传播过程应该把握的主体部分。

3. 加强对太极拳拳法的创新与规整

3.1 加强对太极拳拳法套路的研究和创编

当今社会文化呈多元化发展,因此跨文化交流是最常见的国际交流形式。在跨文化交流过程中,不同的文化相互碰撞,在不断地交流中完善和发展,衍生出多元化文化并存的局面。太极拳作为中国传统文化,要在文化多元化发展的今天实现在印度的传播推广,首先要完善自身的内容以满足人们的多种需求。在保留太极拳精髓的同时,还要加强对拳法套路的研究和创编,使其在不断变化的过程中创新,展现出强大的生命力。太极拳所特有的结构功能衍生出不同的太极拳文化内容。太极拳在东南亚很多国家的传播过程中有以推手擒拿为主的功夫太极,有以医疗康复为目的的养生太极,还有其他如娱乐类的健身太极,以竞技比赛为主的竞技太极等。深层次剖析太极拳的功能结构,针对不同群体开发不同类型的太极拳项目,将太极拳细致分化传播,能够使太极拳得到更广泛的影响力。

3.2 完善武术段位制和比赛制度

对于任何事物都有评价机制,对于武术而言我们一般用段位制来衡量。段位制可以体现武术练习者的整体水平和形象。对于武术练习者进行段位制激励可以鼓舞其积极训练以达到相应段位。在印度类似这种段位竞技的比赛还没有开展,除却起步晚等因素,大多还是因为太极拳比赛规则的制定并不完善,人们不可能脱离制度规则进行比赛竞技,这样就毫无意义。

3.3 完善教学成果的评价制度

在学校传播太极拳更有权威性和专业性,可以为太极拳传播创造更为有利的社会环境。但是目前对于太极拳教学的衡量标准并不确定,因此对于太极拳在学校中传播效果到底如何并不能够确定,要衡量传播效果,就必须建立完善的教学成果评价机制,并且在实践过程中实时反馈,才能够更好地发挥指导作用。

4. 重视对太极拳项目的外文翻译和教材编订

4.1 完善并提升对太极拳项目的外文翻译

语言障碍是阻碍太极拳在印度广泛传播的主要因素之一,语言的不通畅不仅会影响人们的学习热情，甚至会误导学习者在学习的过程中得出错误结论。据笔者了解，各地中文学校中的太极拳课程并没有适合本国的具体教材，有的甚至没有教材，能够自主编写专业太极拳教材的学校相对较少。目前海外中文学校的大部分太极拳教材并没有针对不同层次的学生进行分别编撰，某些国家的中文学校用的是本国翻译的教材，其中很大一部分只是中国教材的外文版本，并不非常适合外国人具体的教学和阅读学习。

我国市场上有很多关于太极拳法以及基本技术的书籍，进行外文翻译是必要的，但由于翻译人员水平的不同，翻译表达出来的意境也不同，很多专业词汇并没有统一的翻译标准，使得人们理解困难，因此进行标准化翻译已经迫在眉睫。这里说的标准化翻译不是要求各家各派的思想标准统一，而是指对于太极拳的专业术语实行统一翻译，尽可能减少国际友人的误解，为他们学习太极拳做出努力。

当然我国也有专业出版社出版的太极拳书籍，并且这些书籍作为宣传太极拳运动的相关知识权威传播到国外。目前我国对于太极拳最主要的翻译工作还需要进一步完善的有：太极拳的专业术语、正版音像资料以及图解等。在建立正规化和完整的翻译体系的同时可以考虑特别化。传播对象不同、所处的社会环境不同、教育背景以及价值观的差异使得我们在翻译书籍的过程中要有特别化的考虑，我们应当根据受众本身的特点和需求进行编译和传播。

4.2 编写分层分段的太极拳教材

教材成为阻碍更多中文学校开设太极拳课程的绊脚石。国外中文学院教材由国家汉办提供。目前我国的对外汉语教材有多种，大部分文化教材都较为概括和笼统。五千年的中国文化是不可能仅仅用这样一本概述性教材就能讲解清楚的。应该将分门别类编写专门的教材，例如俄罗斯莫斯科大学中文学院《太极拳基础教程》就是很好的范例。

编写太极拳运动教材应该能将太极拳包含的文化内涵传播给海外学生，再配以生动有趣的图片，提高学生的学习兴趣。在此基础之上还应该形成一套完整的太极拳教材体系，由浅入深，由具体到抽象。现在海外的汉语教材大多是分为初级、中级、高级，配合学生掌握汉语的程度，辅之以相应的教材。太极拳教材也应如此。例如初级阶段可以教学生有关太极拳的一些基础知识，包括术语、流派、起源等，随着学习的深入，到了高级时就可以教授太极拳中所包含的和谐理念、太极的文化释义等。这样由浅入深，由简到繁才能起到良好的传播效果。这样的顺序既考虑到了学生的接受程度，又避免了让学生只知皮毛而不懂其深层次文化内涵的传播。另外，此类教材的编写还应该与所在国文化相结合。

在进行太极拳书籍的翻译、影音资料的整理过程中，政府需要有目标有规划地进行，应当根据市场导向，按照人们需求和市场经济规律进行，发行书籍过多或者过少都不利于整体的健康发展。我们首先在思想观念上要明确太极拳的传播和发展不是一蹴而就的，相反这是一个长期反复的过程，因此需要有计划地实施。由于目前国外学习中国的文化资料并不常见，很多书籍都是从宏观整体上进行描述，具体细化的书籍还有待进一步开发。笔者认为应当进行具体化的分类编写，尤其是针对有中国特色和中国代表性的文化更应该进行详细的翻译，例如中医养生、书法和戏曲等，这些都是中国文化的典型代表。

分层分段的形式使得传播过程具有层次性，让人们更好地理解传播的文化形式以及文化内涵，构成一整套的完整体系。最后要强调一点的是完善我国太极拳项目的外文编译还必须考虑传播对象国的文化环境，尽可能实现本土化。

5. 注重太极拳与中国文化传播相结合

5.1 深化太极拳传播内容

太极拳博大精深,源远流长,根植于中国传统文化的肥沃土壤之中,不仅有着悠久的历史,而且有广泛的群众基础,称得上是中华民族优秀传统文化的缩影。太极拳不仅能够强身健体、养生保健,还具有修身养性、陶冶情操的功效。

太极拳的传播是离不开中国文化的传播。传播语言的最终目的就是让更广多的海外受众能够真正了解中国的文化。可以根据各个有特色的文化项目开展相应的专业汉语课程,例如伊朗德黑兰大学中文学院开设的“武术汉语”等,就在多方面起到了榜样作用并取得了良好的传播效果,吸引了很多海外学生。

大部分中文学院对特色文化项目仍旧停留在介绍普及阶段。以太极拳为例,大多数开设太极拳课程或太极拳班的孔子学院只是将太极拳作为中国文化象征之一的文化符号进行推广介绍,教授学生一些比较基础的太极拳拳法,并没有深入介绍太极拳背后所蕴含的深厚文化内涵以及这种文化现象的产生原因及其对中国文化的意义。在印度孟买大学中文学院,笔者了解到其所举办的文化体验活动仅停留在一两次的太极拳体验上,这种浅层次的传播难以让海外学生和受众对博大精深的太极拳文化产生学习兴趣。没有将文化传播和语言传播相结合,就容易忽视太极拳等中华文化的深层意义。

5.2 拓展太极拳传播内容

太极拳的传播内容应该进一步拓展,中文学院的中国文化传播应展现中国文化独特的魅力,加强中国文化的吸引力,使外国人能够逐渐认同中国文化。

中国的文化要想在世界上广泛传播需要关注海外受众的视角,以他们能够接受的方式传播,尤其关注那些中华文化中与人类文明能对接的部分。在这种交流和碰撞中,必然会发现如太极拳所承载的中国文化与印度所特有文化的不同与差异。我们既要善于利用相同,又要妥善处理不同,使中国的优秀文化得到世界更多国家与人民的了解与认识,从而实现中华文化与世界文化相互学习、相互借鉴、共同提高的目的。

对于传播对象的复杂性,在传播与推广过程中要充分考虑到接受者的文化背景和接受程度,对于不同国家和地区的学习者应该采用不同的方法进行教学和推广,要考虑到当地人民的文化偏好和禁忌。具体来说,对于印度以及一些东南亚国家,历史和地理原因以及在文化上的某些相似性使他们对中国文化接受起来比较容易,所以传播和推广过程中遇到的阻碍比较少。但是对于一些欧美和非洲国家而言,由于地理距离较远,加之属于不同的文化和语言文字圈,其在接受中国文化时所感受到的文化冲击显然要比亚洲各国更大,所以在传播过程中的难度也就更大。

在太极拳传播方面,也要尝试利用一些小技巧,从而吸引住受众的兴趣。例如以大众喜爱的功夫电影、电视剧或者小说为传播文化的载体,创作一批有深厚文化底蕴或可以反映当代太极拳的作品,让海外的普通老百姓通过这些通俗流行的文艺作品了解太极拳,以此为依托,产生更多了解中国太极拳的欲望,从而达到良性循环的效果。

九、结　语

太极拳承载着中国悠久的历史和深厚的文化底蕴,不论是现在还是未来都会在国际跨文化交流的过程中发挥着重要作用。在印度对太极拳传播现状等相关基础研究较少。由于对印度太极拳运动的发展状况调查是一项基础性工作,本调查将为后续研究提供参考。本书相关信息是笔者运用田野调查法和访谈法等方法收集到的原始资料,包括走访印度太极拳培训机构、拜访印度当地太极拳名师、联系中文学院众多老师等。印度是世界大国之一,不同的邦或者城市之间肯定存在一定的差异性,由于走访的地方和接触的人群较为有限,所以原始资料的全面性有所不足,本书还有待完善。

在已有的数据之上进行分析,可以大致看出印度太极拳运动的发展状况以及存在的问题。笔者对此分为社会、高校、名师三个方面进行阐述,又在此基础上剖析了太极拳在印度社会和学校传播中存在的问题和问题成因,社会传播困境包括文化差异的冲突、传播媒介的单一、传播内容的狭隘、传播人才的匮乏及太极拳文化的神秘化;高校传播困境包括师资力量不足、教学内容单一、教学方法简单。如何解决太极拳在印度国内传播现状中的问题将是本研究的重中之重。在发展的过程中,坚持普及与提高相结合的原则,才能让太极拳运动在印度的发展更为平稳与持久。笔者从瑜伽的发展和推广情况等方面深入分析瑜伽的成功经验,又在瑜伽和太极拳的比较反观太极拳运动在印度的传播。随后,综合太极拳国际化传播的主要路径,针对高校间、组织机构、表演与活动比赛和媒介等传播路径进行分析,进而剖析太极拳运动在印度的推广宣传情况。

结合以上研究内容,针对所发现的问题提出相应的传播对策:第一,注重太极拳人才培养,加强本土太极拳教师自身的中华文化修养,重视海外太极拳教师的教学反馈,加强传播者的外语水平,形成双赢的人才培养机制;第二,充分发挥国外的中文学校的优势,增加政策和资金支持,合理规划学校资源配置;第三,加强对太极拳拳法的创新,加强对太极拳拳法套路的研究和创编,完善武术段位制和比赛制度,完善教学成果的评价制度;第四,重视对太极拳的外文翻译和教材编订,完善并提升对太极拳项目的外文翻译,编写分层分段的太极拳教材;第五,注重太极拳与中国文化传播结合,深化并拓展太极拳传播内容。

本书本着理论与实践结合的原则,为太极拳运动在印度传播进言献策。太极拳在印度传播已经显示着其成功走出国门,我们要有信心期待着太极拳运动早日传遍世界,走向更加辉煌的明天。

参考文献

图书：

陈鑫:《陈氏太极拳图说(珍藏原版)》,山西科学技术出版社2006年版。

高壮飞、若水:《千思百问太极拳》,中国海关出版社2005年版。

郭玉成:《武术传播引论》,北京体育大学出版社2006年版。

沈寿:《沈寿·太极拳文集》,人民体育出版社2005年版。

王宗岳等:《太极拳谱》,人民体育出版社1995年版。

吴文翰编著:《武派太极拳体用全书》,北京体育大学出版社2001年版。

徐震:《徐震文丛·太极拳考信录》,山西科学技术出版社2006年版。

徐震:《徐震文丛·太极拳谱理董辨伪合编》,山西科学技术出版社2006年版。

论文：

安畅:《太极拳的国际化传播——基于孔子学院的调查》,中央民族大学2012年硕士论文。

贝迎九:《瑜伽运动处方对治疗失眠症的疗效研究》,《安徽师范大学学报》2008年第6期,第601—604页。

蔡金明:《对太极拳盘架子问题的思考》,《武汉体育学院学报》2004年第1

期，第129—131页。

蔡金明：《对太极拳推手过程的力学分析》，《北京体育大学学报》2003年第3期，第345—346页。

陈福刁、陈浩庆、张帼雄：《太极拳锻炼对大学生身体机能的影响》，《沈阳体育学院学报》2006年第4期，第121—123页。

陈威、徐伟军：《孙氏太极拳传播的研究》，《中国体育科技》2009年第2期，第69—74页。

陈威：《孙氏太极拳传播的社会调查》，北京体育大学2007年硕士论文。

陈晓莺：《太极拳"内养"方法之研究》，《体育与科学》2002年第5期，第7—9页。

陈新富、刘静、邱丕相：《太极拳运动对中老年女性心理健康的影响》，《上海体育学院学报》2005年第5期，第79—82页。

成百千：《韩国武道馆市场营销分析及武术推广方案研究》，湖南师范大学2009年博士论文。

程志理：《体育文化问题的初步探讨》，《福建体育科技》1996年第1期，第7页。

炊遂堂：《论传统太极拳传播方式的转型》，《体育学刊》2008年第7期，第110—112页。

但爱兰、李晓红：《太极拳的传播与民族传统体育发展》，《武汉体育学院学报》2004年第5期，第42—44页。

邓鼎瀚：《文明冲突论的失误<文明的冲突与世界秩序的重建>重读》，《安徽文学》，2017年第2期，第152—154页。

董刚强、曹琼瑜：《太极拳技术体系发展研究》，《搏击(武术科学)》2006年第3期，第28—30页。

杜菁菁：《太极拳在青年群体中的传播和推广策略研究》，福建师范大学

2012年硕士论文

杜利军:《跆拳道在国际上的发展现状》,《中国体育科技》1991年第11期,第45—46页。

凡红:《民族主义、东方主义、全球化:亚运会》,《体育学刊》2007年第9期,第39—40页。

高小军:《武术产业之路》,《环球体育市场》2010年第2期,第56页。

郭志禹:《太极拳养生文化考》,《上海体育学院学报》2004年第2期,第49—52页。

何英、徐伟军、段全伟:《对北京市精品课程〈武术(太极拳)〉建设的思考》,《北京体育大学学报》2007年第9期,第1247—1250页。

和晓华:《印度瑜伽健身术与中国古健身术相通点之研究》,首都体育学院2008年硕士论文。

胡赛风、张文建:《关于太极拳传播受众的研究——兼论太极拳的理性传播》,《搏击(武术科学)》2006年第4期,第30–31页。

姜惠:《关于武术流派形成因素的研究》,山东师范大学2006年硕士论文。

姜娟、郭志禹:《太极拳健身文化及其科学基础——现代太极拳运动之延年益寿篇》,《上海体育学院学报》2002年第4期,第39—42页。

姜小平:《中国健身气功与印度瑜伽之比较研究》,《湖南科技学院学报》2009年第1期,第204—206页。

李宁、董业平:《太极拳:现代人紧张情绪的动态缓冲剂》,《武汉体育学院学报》2006年第11期,第48—50页。

李旺华、高河永:《太极拳与瑜伽的比较——兼论太极拳的国际化发展战略》,《广州体育学院学报》2007年第5期,第43—46页。

李秀:《百年精武体育在马来西亚的发展及影响研究》,《黄山学院学报》2011年第5期,第96—100页。

李秀:《太极拳与瑜伽之比较研究》,《海南大学学报(人文社会科学版)》2006年第3期,第446—450页。

栗胜夫、栗晓文:《全球价值链视域下的中华武术对外发展战略思考》,《体育科学》2011年第3期,第13—21页。

梁安祥:《近代太极拳流派研究述评——以杨式太极拳为切入点》,《少林与太极(中州体育)》2014年第7期,第12—17页。

刘晶、宋乐:《瑜伽伤害——大众健身市场的盲点》,《安徽体育科技》2006年第5期,第55—56页。

刘小学、许寿生:《中国民族传统体育在北欧的传播研究》,《体育文化导刊》2012年第9期,第123—126页。

刘玉兰、张云崖:《太极拳与瑜伽之博弈》,《体育科技文献通报》2010年第2期,第117—119页。

吕蒙:《从技术体系的演变论太极拳的发展走向》,《中华武术(研究)》2012年第1卷第1期,第65—67页。

吕晓标、卫志强、张楠楠:《太极拳对中老年人心理健康状况影响的实验研究》,《中国体育科技》2006年第5期,第112—115页。

马剑、邱丕相:《对武术实存的评析与反思——兼议武术的发展》,《体育科学》2007年第5期,第92—96页。

孟祥太:《浅析现代传播媒介对太极拳发展的影响》,《搏击(武术科学)》2006年第2期,第34—35页。

穆琦镇:《瑜伽与太极拳在我国推广的比较研究》,《搏击·体育论坛》2010年第7期,第74—75页。

朴一哲、杜舒书:《基于孔子学院模式的武术文化国际传播研究——以韩国为例》,《沈阳体育学院学报》2010年第1期,第125—128页。

邱丕相、王岗:《走进主流社会的中国太极拳文化》,《北京体育大学学报》2006

年第12期，第1603—1605页。

任其怿、王维佳、刘倩、李慧茹：《浅论民族主义在全球化背景下的新变化》，《内蒙古大学学报(哲学社会科学版)》2010年第42卷第4期，第119—125页。

阮纪正：《太极拳的文化内涵》，《岭南文史》2002年第2期，第38—44页。

邵夏、李吉远：《近代以来社会变革视野下传统武术的文化抉择》，《西安体育学院学报》2012年第29卷第4期，第477—480页。

沈剑英、刘钦龙：《高校体育教育专业太极拳目标化教学方式探析》，《上海体育学院学报》2006年第2期，第101—104页。

宋海燕：《汉语国际推广与武术的国际化传播》，《新闻与传播研究》2011年第24期，第36—37页。

孙喜莲、余晓惠、梅林琦、陈伟、刘永红：《太极拳的国际传播与中国软实力的提升》，《武汉体育学院学报》2008年第6期，第72—75页。

孙卓艺、贾健民：《太极拳国际化传播与发展的理论思考》，《辽宁体育科技》2004年第3期，第58—60页。

田桂菊：《太极拳对老年人的健心机制》，《武汉体育学院学报》2003年第1期，第169—171页。

田学建、邱丕相：《全球化视野中传统武术发展策略研究》，《中国体育科技》2007年第5期，第49—52页。

王岗：《太极拳对现代人心理调节的作用》，《武汉体育学院学报》2001年第1期，第107—108页。

王国权：《浅议太极拳流派及其动作原理》，《商情（教育经济研究)》2008年第4期，第117页。

王国志：《武术·影视武术·中国武侠电影》，《中华武术研究》2011年第1卷第1期，第41—43页。

王俊清、林以环、张华娜：《瑜伽放松训练改善抑郁症患者情绪和睡眠的研究》,《汕头大学医学院学报》2014年第3期,第150—152页。

王亮华、李胜恒:《制约太极拳国际化传播的因素探析》,《体育科技文献通报》2010年第1期,第121—122页。

王润斌、陈民盛:《全球化语境中的民族主义与奥林匹克运动》,《北京体育大学学报》2009年第32卷第8期,第11—13页。

王晓军:《太极拳对老年人NK细胞的影响》,《北京体育大学学报》2004年第27卷第5期,第644—645页。

王勇、余方亮、齐行亮:《现代传播媒介对太极拳发展的影响》,《科技信息(学术研究)》2008年第3期,第548—550页。

温力:《民族的文化精神和武术的对外交流》,《武汉体育学院学报》2008年第7期,第31—35页。

燕侠:《澳洲传播太极拳的北京人》,《中华武术》2001年第4期,第43页。

杨静、王建华:《竞赛规则的演变对推动太极拳发展的意义》,《体育文化导刊》2007年第1期,第52—54页。

杨静:《论太极拳理论的文化渊源》,《北京体育大学学报》2008年第5期,第706—707页。

杨敏:《表象训练方法对太极拳教学效果的影响》,《体育学刊》2002年第5期,第68—69页。

杨祥全、杨祥国:《太极拳国际化发展的传播学思考》,《天津体育学院学报》2004年第2期,第62—65页。

杨玉冰、刘玉萍、杨柳欣:《太极拳创生新论》,《北京体育大学学报》2008年第10期,第1434—1436页。

于翠兰:《论竞技武术形式与内容的归流和创新》,《武汉体育学院学报》2005年第12期,第97—99页。

翟少红:《从以人为本的角度探讨太极拳的锻炼价值》,《西安体育学院学报》2006年第6期，第48—50页。

詹华宁：《改革开放以来太极拳传播者的探析》，《体育世界（学术版）》2010年第11期，第42—43页。

张建新：《论文化变迁视野下传统武术的流变与演进》，成都体育学院2012年硕士论文。

张杰、徐伟军：《太极拳在美国跨文化传播的质性研究》，《北京体育大学学报》2013年第36卷第11期，第50—55页。

张君贤：《全球化时代中国武术的生死抉择：或者对话，或者死亡》，《搏击（武术科学）》2010年第7卷第12期，第5—7页。

张培福：《从文化传统的视角剖析武术流派的形成》，《搏击（武术科学）》2009年第1期，第5—6页。

张铁刚、赵红波：《关于太极拳发展动力问题的研究》，《山西师大体育学院学报》2006年第21卷第4期，第51—53页。

张玉丰：《跆拳道的发展历程对太极拳推广与传播的启示》，《和田师范专科学校学报》2009年第2期，第235—236页。

张卓熙：《文化领导权：中美篮球文化的跨文化传播研究》，福建师范大学2007年硕士论文。

赵丙祥：《祖业与隐修——关于河南两个太极拳流派之谱系的研究》，《民俗研究》2012年第2期，第84—100页。

赵歆：《全球视野下武术文化的国际拓展》，《武汉体育学院学报》2012年第5期，第55—57页。

郑斗汉：《韩国跆拳道与中国武术竞技项目的国际化发展对比研究》，北京体育大学2005年硕士论文。

周雷、王健、吴飞、林小美：《太极拳3种高度架势的确定及控制》，《中国体育科技》2005年第3期，第103—104页。

周雯艳:《辨析太极拳起源及演变》,《兰台世界》2010年第13期,第60—61页。

朱佳斌:《国学视野下中国武术的学科归属问题研究》,苏州大学2010年硕士论文。

附录一：与森西·桑迪普·德赛先生关于太极拳的对话录

提到印度，很多人都会联想到瑜伽。练瑜伽除了修形美体还可以让人感受到精神上的愉悦。但在印度，中国的太极拳也开始为人们所认识。印度首位太极名师森西·桑迪普·德赛在中印文化活动中比较了瑜伽和太极拳的异同，同时向印度民众展示了太极拳运动。

采访人门薇薇(以下简称门)在参加中印文化活动中结识了森西·桑迪普·德赛先生，为此后进一步研究太极拳在印度的传播打下了基础。

森西·桑迪普·德赛(以下简称德赛)是印度一位有着30多年武术和瑜伽教学经验的名师，同时还是印度首位陈氏太极拳名师。他曾三次拜访中国，师从中国第一批国家级非物质文化遗产项目太极拳(陈氏太极拳)代表性传承人朱天才。目前他在印度孟买创办了一所太极拳国际学院，旨在让越来越多的印度人了解和关注太极拳这项古老的健身运动。

森西·桑迪普·德赛先生

门:感谢您能够在百忙之中抽出时间接受本次采访。我们先从您的学拳之旅开始吧。您是什么时候开始接触到太极拳的?

德赛:说来话长。15岁时,武术就成为我生活中不可分割的一部分。1987年第二次空手道黑带考试失败后,我停止了武术训练,这个失败促使我开始了冲绳之旅,研究传统Shorin Matsubayashi Ryu 空手道(我之前练习GoJu-Ryu 空手道)。在冲绳,我受到十级黑带老师Hanshi Shoshin Nagamine的指导。

我把很多东西都归功于这位空手道老师,因为他教会了我空手道不仅仅是拳击。要不是他,我就不会走这么远。我五次访问冲绳,老师对我进行了深度培训,我也通过了第三、第四和第五级黑带考试。我本可以走得更远,但老师1997年去世后,我便失去了热情。

在承受空手道的压力将近20年后,我开始寻找一些更微妙、更温柔和更原始的东西。我渴望学习一个可以放松呼吸、平静心灵,让我内心平和的运动。通过阅读《古中国的健康秘密》一书,我的生活发生了变化。书中谈到了太极拳,字面意思是“终极拳击”。之后我看到一个电视节目,其讲述的是中国人正在做一种优雅而神秘的运动——练习太极拳,在那时我明白了这就是我想用生命去做的事。

1998年,我被介绍给德国鲍勃医生,他研究太极拳和哈达瑜伽多年。鲍勃医生成为我第一位太极拳教师。我将永远感激鲍勃医生教我陈式太极拳,我认为这种陈式太极拳包括了所有其他太极拳的拳法。成为鲍勃医生的学生的我就像是找到了一处藏匿的宝藏。他通过太极拳来帮助他的病人们。

我对武术的旧观念发生了改变。我意识到我发现了最具医学性的、最有逻辑的方式来使我的身体达到最好的状况。我的信念更加坚定。

经历了其他多种多样的锻炼方式(这其中包括严格的空手道训练),我确信太极拳是种绝对优秀并且更加令人愉快的运动方式。在练习太极拳之后,我感到心情振奋、精力充沛,在每节课后体能就可以完全恢复。

2001年,我继续向鲍勃医生学习太极。在学习了一个月的私人课程后,我把太极拳运动和瑜伽姿势综合在一起,在许多瑜伽学校开设了相关练习班。

但我最终的梦想是直接在太极拳大师那里学习太极拳。当我在2002年去新加坡旅行时,我的梦想得以成真。我直接得到了太极名师朱天才的指点,他是中国第一批国家级非物质文化遗产项目(陈式太极拳)的代表性传承人。在他的指导下,我感觉得到了巨大进步。朱天才也是一位高级武术教练。他把毕生精力都投入到了对太极拳的研究中。

门:看得出,您一路学拳充满了艰辛。中国有句俗话叫"好事多磨",如今您在印度传播太极拳的成就是有目共睹的,经历了这么多事情,您现在是如何看待太极拳的?我相信肯定和最初学拳时的自己看法不一样了。

德赛:我认为太极拳运动是中国一种古老的武术,是一种缓慢、柔和并可以促进体能、令精神集中的运动。

太极拳它易于学习,姿势优雅,任何人都可以练习,无论年纪大小,体质强弱。太极拳动作与动作之间的交替转换缓慢且平和,轻柔且有力,起落结合,时而收缩时而扩张。这些动作和训练对平衡、协调和控制身心有极大好处。除了增强体质,定期练习太极拳能够加快疾病的康复,还可以缓解压力。太极拳对有身体或精神疾病的人有益。这些益处包括提高平衡能力、协调能力和反应能力,让心神稳定,更有耐心,强壮骨骼、肌肉和器官。太极拳就像银行账户里的储蓄利息一样,是一个逐步积累的过程。

我认为太极拳是武术的最高形式。太极拳是基于四两拨千斤这一原则。学习太极拳的主要目的是与自然保持和谐。首先,我们自己内心得到成长。其次,帮助别人成长。

太极拳是一种可以以你自己的节奏，随着年纪或体能情况而发展的艺术，它的吸引力在于其可以大大提高不同年龄和不同职业人的整体能力。不过,学习太极拳需要勤奋、耐心以及经得起挫折,这样才能获得丰富的回报。

门:您觉得太极拳最值得传承的地方在哪里?或者说太极拳的精髓是什么?

德赛:太极拳运动的原理源自中国古代哲学,这些原理专注于身体内部的变化。当你开始精神之旅之前必须先认识你的内心,如果你能合理地利用这个原理,你就体会到运动时的平静,同时,能量会充盈你的精神。

慢下来。慢下来是太极拳的终极原理。太极拳就是让你慢下来,感受平静。只有当你慢下来的时候,你才能从太极拳中获益。

曲线思维。太极拳的动作总是弧形和圆形,从来没有直线。一个动作无缝衔接到下一个,促进气(能量)更好地流动。

低下来。放松,微微屈膝,让能量流进你的身体。

随气而动。在太极拳的练习过程中,动作应该缓慢而轻柔,有一种潜在的力量,就像丝般既柔软又有韧性。动作不要太急。

放松。强迫感违背太极拳的原理。身体和精神的压力让你紧张,你的动作就会出错。

简单。简单是太极拳的精髓之一。如果心中充满教条,就会缺乏创造力。生活的充实而自然。

动作平衡。世间万物是相互的，太极的思想能够平衡你的行动。例如，向前向后移动，承受轻重，达到后回归。这是基于中国古代阴阳的哲学理念，世间万物既对立又互为补充。

放掉所有包袱。在太极拳的练习过程中，每一个动作都会牵动整个身体。当身体的一个部位在动时，其他部位也在动。一个部位静止，其他部位也静止。

接地气。如果没有扎根，就没有成长。想象自己植根于地下，这不仅适用于太极拳，生活中也一样。

门：这样说来，学习太极拳会给人们带来很多益处吧？

德赛：是的，有规律地练习太极拳会加强和刺激你的每一块肌肉、每一个关节和身体的器官；治疗慢性健康问题，关节及背部损伤；提高能量水平，促进血液循环；缓解压力，改善衰老状况，增强免疫系统；稳定血压。太极拳在运动中需要扭动、旋转 ，有助于消化食物，帮助恢复年轻的灵活性和耐力。随着时间流逝，你会更强壮，更健康。

门：在当地，我发现很多练习太极拳的人都是中年人，您觉得在年轻人中是否有必要推广太极拳？

德赛：你说的这个的确是现状，现在太极拳不受年轻人喜爱，在孩子这个群体中的传播也不尽如人意。我现在积极地在学校、青年中心或社区中心等地方推广太极拳，主要是开展太极拳的儿童课程和讲习班，比如“儿童之家”。太极拳训练强调健康的性格发展和道德行为。我多次强调，小孩子练习太极拳，能够训练大脑与身体的协调性，能够教导健康的习惯，促进身体全面发展，培养自律性、自我控制力和情感平衡能力，提升关注力，建立自信，鼓励培养健康饮食习惯。

门：中印两国合作的电影《功夫瑜伽》2017年上映了。这部影片由成龙和印度宝莱坞明星联袂主演，这意味着中印两国联手把自己的文化推向世界。其实中国的功夫和印度的瑜伽有很多的连通性。尽管中国太极拳与印度瑜伽在动作构成等方面存在很多不同之处，但二者都重视将“调身”“调息”和“调心”相结合，突破自身极限，追求天人合一。您也是瑜伽大师，您觉得两者有什么不同吗？

德赛：我认为太极拳和瑜伽是姐妹学科，两者都可以帮助你了解“气”的神秘，激发精神潜能，变得健康强壮。太极拳强调伸展身体，调整呼吸和气。瑜伽和太极拳训练方法不同，瑜伽重在控制，太极拳重在伸展和移动。在练习太极拳时，关节不会完全弯曲、伸直或固定，而许多瑜伽姿势则要求完全弯曲、伸直或锁定关节。

一般来说，与太极拳相比，瑜伽要极度拉伸，劈叉或交叉双脚越过头部。太极拳更像是一般的肢体运动，很少有极大程度的拉伸。太极拳是一种全面发展的武术。简而言之，在太极拳中，要通过放松来实现拉伸；在瑜伽中，要通过拉伸实现放松。

门：您是否愿意再和我们简单分享一下您对于太极拳招式学习的看法？

德赛：好的。太极拳的训练能更好地展示其意义。这是一个广泛的教学过程，包含了中国古代行为准则和内在能量的发展，其包括一系列行云流水的动作，身体和思绪都不会被打断。

太极拳拳法有短的招式和长的招式。一般来说，一种拳法招式周期越长，对身体影响越深。大多数初学者先学习短的招式更好。

太极拳拳法短招式的优点在于，其在取得一定效果上需要更少的时间，并且提供了太极拳能提供的最基本的益处。短招式要记忆的动作少，练习者可以花更久的时间去清晰地理解其独特的概念和原理。为了获得最佳练习效果，可以尝试多次连续重复练习短招式，每次动作越来越缓慢、越来越轻柔。短招式非常适合老年人以及有慢性疾病的人。

太极拳拳法长招式能够增加“气”的流动，其包含了更多的动作和姿势，通过伸展特殊部位的筋骨和韧带，长招式的动作慢，会对身体产生更大影响。太极拳拳法长招式需要艰苦的练习和勤奋，这对身体不协调、缺乏技巧和耐心的初学者来说有点儿困难。学习太极拳拳法长招式,首先要做的是在课后立刻体会动作的精神。

学习太极拳可以缓慢地进行,这样就可以注意到动作的一致性、同步性、连续性和平衡性。

一旦熟练掌握动作,就可以开始用思想来控制你动作的速度。在每一轮的练习中,速度要保持一致,动作不要大起大落。你会对你的能力感到惊讶,你的能力在缓慢运动中得到加强,可以以很小的力来达到期望的速度。

门:您从事太极拳教学这么长时间,一定总结出了一套自己的教学方式吧?

德赛:对的。根据我的经验,教学有三个层次:教学、辅导和培训。我认为学生们需要通过这三个阶段来学好太极拳。

教学就是每次向全班同学解释事物。每位学习者能够单独或与他人合作(在推手的情况下)来跟从教师指令进行学习。

辅导就是教练单独指导你,他会告诉你这周需要练习的内容,而你要反馈你所学到的东西和你的感受。

培训就是教师和你一起时对你的引导,教师会说:"这就是你该做的,试试看……感觉怎么样?""试试这个……寻找这种感觉……""再试一次,这样更接近。""是的……现在回家练习一下,下周我们开始深入教学。"

当我教学时,采用分成小组的教学方式。虽然有一些一般性的指导,但是我单独会去找班上的每一个人,分别带他们进行下一步的培训。每个人听到的都不一样,不同状态的学生,需要在学习的时候单独教学。我的班级比较小,通常不超过6人,课程长达3个小时,我们从一开始就会做伸展、基础训练和推手。我从一开始就会采用手推式教学,在我的学生这里取得了很好的效果。这不仅是教太极拳的方法,也是我接受训练的方式,更是我现在比较喜欢的教学方式。

还有一件事对我来说很重要,这就是教练的个性。太极拳的传播是从师傅到徒弟,这是一个相当亲密的活动,就像抚养孩子或被父母抚养长大。作为师傅,你需要有自己的界限,你需要区分什么是太极拳,什么是师傅的个性,在太极拳的传播中,有的师傅经常会混淆二者(我想这是太极拳风格流派不同的原因之一)。能够接受师傅的风格是很重要的,即使你们的世界观可能不同。你会受到师傅的影响,所以接受师傅的个性和个人品质很重要。

门:在印度,大多数人学习太极拳的目的是什么?

德赛:一些学生把太极拳当作传统武术学习;一些人利用学习到的太极拳在一些活动中进行表演。当把太极拳作为武术学习时,学生会像在练习其他武术一样动作飞快。我们通常会参考人们学习的目的来进行教学,例如在有的班中仅仅教授自卫的方法。有很多人上我们的课,称练习太极拳可以帮助他们提升武术技巧,也有人通过上我们的太极课来改善他们的健康,减少压力,提高平衡力,使自我感觉更好。练习太极拳的目的因人而异。有的人为了锻炼身体,有的人为了平和状态。但是无论如何,他们不会忘记太极拳是一门武术。太极拳会磨砺精神,拓宽视野,提升洞察力,消除压力,能帮助你从生理和心理上成为更好的自己,并且帮助你达到身心的统一。一个人必须依靠练习太极拳来理解其真正的益处,很多时候语言都不足以表达练习太极拳的感受。

不管出于什么目的学习太极拳,我们都应该把关注点和重心放在练习过程中,在练习过程中感受太极拳的真正奥秘。练习太极拳相当于在紧张的日常生活中放的一个短假。练习太极拳很简单,不需要准备什么。太极拳能让你跟随感觉走。太极拳细水长流的原则体现了顺其自然和享受过程的生活态度。太极拳所教授的顺其自然是精神、情绪和身体层面的,通过每一次的呼吸得以练习。

附录二:森西·桑迪普·德赛先生散文精选

张开翅膀,飞向天空

2003年12月30日

太极拳是一种有意识的练习,一种古老的武术,能够给人一种成就感。太极拳可以帮助你学会如何慢下来,而不是越来越紧张。放慢速度意味着你能够平静地看待事物。太极拳能影响你生活的每一方面,包括你的身体和心理健康、你的世界观和你与他人互动的方式。

经过25年的亲身经历,我认为"太极"是高度进化的艺术、科学和身心发展的哲学,可以用于提升健康、预防疾病和管理压力。几个世纪来太极拳在中国被认为是文化宝藏,是武术和哲学的结晶,其关注地球上的生命,以世界上最柔软的东西战胜最艰难的东西。

陈氏太极拳源于中国河南陈家沟,一个简单的以农业为主的村庄,坐落在中国黄河边。太极拳流畅的动作在慢与快、温和与坚定、上升与下沉、收缩与扩张中交替进行,不仅能缓解神经紧张,平衡内在能量的循环,促进身心的深度放松。

典型的太极动作如"起式",通过呼吸你可以感受到身体和气息的运动。如

“白鹤亮翅”这样的动作,可以改善脾和胃的消化功能,并帮助你集中精力。一系列的连续循环,可以平静内心,加强气息,并为身体带来好处。

太极拳对老年人而言可以提升活力,对于儿童而言可以增强关节灵活性和提高身体素质,培养自律、自控和平衡情绪,用运动的方式教他们相互合作而非竞争。

在银行或杂货店排队时,可以做一些腹式呼吸;不要用蛮力去拉门,通过移动你的重心就可以轻松拉门;在电话未接通的时候可以试试短时间冥想;练习屈膝,你会惊奇地发现你是多么放松,你的生活是多么有效率。

生活很简单,普通意义上就是工作、学习、追求幸福和爱、变老、死去。无论是在练习太极拳或是在工作中,是在人际关系中还是独处时,简单而真实的生活,走出你自己的路,你会发现所有的问题自己就会解决。

与自然保持同步

2004年6月18日

大多数太极拳名师喜欢在日出时上太极拳课,呼吸来自自然的新鲜空气。太极拳在日出时通过增加你体内的正能量,为你提供一天的精力。

第二个适合练习太极拳的时间是在日落时,在一天结束的时候,慢下来,适当休息。

熟练的太极拳名师会利用自然的能量,集中身体和精神的能量来提高平衡性、稳定性、灵活性和技巧。

深呼吸可以带来很多的益处,太极拳最好是在户外练习,这可以加强人体与大自然的紧密联系。新鲜的空气,自然的阳光和声音,可以提升精神状态。在户外练习太极拳有不可估量的好处。在海滩,山中或公园体验大自然的美妙,这可以加强我们对自身以外的世界的认识。

这种意识可以带来意想不到的平和,有助于平复生活中的失望情绪。当你完全沉浸在类似舞蹈的过程中,感受阳光、雨露或微风的吹拂,便可以感到一种独特的幸福感。当你观察到自然世界中的出生、成长、死亡的周期时,你便能学到很多关于生命的哲理。

当你的精神渴望与自然相通,任意一个水边都可以是个练习太极拳的好地方,因为它在你与自然之间建立某种联系,还可以提升你保持平衡的能力。

中国的太极拳名师经常建议他们的学生去寻找并模仿一棵树,像树一样牢牢地扎根,底部结实,但顶部却柔软。

受到自然这个话题的启发,我情不自禁地想和大家分享一个简单且可以随时随地进行的练习。"静静地站着,什么也不做":站立,双脚分开与肩同宽;弯曲你的膝盖,保持膝盖与脚趾成直线;脚坚定地扎根于地面;收拢尾骨,放松背部并向下沉;伸直脊柱,抬起头,放松肩膀和肘部,手臂自然下垂在身体两侧;舌尖顶住口腔的顶部,牙齿轻微地闭合;闭上眼睛,放松地呼吸,并且让思绪沉下来;只要感到舒服,就保持这个姿势。

"站桩"也许是在提升健康状况、管理身体、减少或消除压力方面最重要且有价值的锻炼。"静站"不包括任何复杂的动作,所以全神贯注、平衡、全身放松是很容易的事。

深度呼吸

2004年12月5日

我们每天要呼吸成千上万次。身体的各个部位,尤其是大脑,吸收足够的氧气是尤为重要的。声乐、管乐器演奏、田径、瑜伽以及武术这些学科都要求人们首先学会呼吸，与他们所学的学科要求相协调。

深呼吸有助于让更多的氧气进入身体。我们每次呼吸都会促进营养物质和废弃物质的代谢。将注意力集中在自然呼吸上，不让头脑混乱，可以从机械的、日常的、固定的思维中解放出来，这种心理转变可以说是走向心身合一的第一步。

如果想用腹部深呼吸，并让这成为日常习惯，首先要熟悉腹式呼吸。腹式呼吸包括四个不同的阶段：吸气、保留、呼气和暂停。

吸气：在吸气的过程中最常见的一种错误就是在每一次吸气的时候都试图让空气充满整个肺部。吸气时不要强迫自己吸入超过舒适度的量。正确的方法是吸入肺部可接受量的三分之二。

保留：如果吸气正确，即使是短暂地停止呼吸也可以给身体的各个器官提供能量。屏气3~4秒减慢心跳，降低血压，促进细胞提升耐力。

呼气：呼气比吸气更重要，因为为了让肺部充满新鲜空气，首先必须彻底排空肺部。

暂停：暂停是指当肺部完全排空时，暂停几秒钟，使腹壁和膈肌再次放松，然后开始缓慢吸入。

深呼吸减少压力，增加直觉感知。有节奏的深呼吸能够产生能量。

在任何情况下，注意你的呼吸。注意放慢你的呼吸，你会发现你正在与自己的内在能量建立联系。

持续练习太极拳的好处

2005年2月1日

我第一次观摩了鲍勃医生的太极拳课时，只见学生们都穿着稀松平常的衣服，做着各种看起来不仅仅是锻炼那么简单的动作。他们看上去并不十分健硕，但却以一种异乎寻常的协调节奏运动着。

被他们的优雅、沉着气质所吸引，我不禁问道："太极拳是什么？通过练习太极拳，我能够得到什么好处呢？"鲍勃先生回答道："太极拳是可以使我们放松的沙滩，而不是等待我们去征服的山峰。练太极拳的好处是因人而异的。"

太极拳是武术的一种形式，但不同于其他武术。练习太极拳的人不是通过"更大的力气、更快的速度"来强身健体的。太极拳的力量生发于面对攻击时的以退为进，而不是蛮力或速度。

换言之，太极拳重视对内在的把控，重视能量的调配。当你的身体各部分处于配合良好、相对放松的状态时，就会产生一种看似微不足道、实则总量惊人的能量。这些都给太极拳增添了一种比其他武术更为浓重的精神色彩。

在生理层面，太极拳可以增加对身体和心脏的输氧量，促进血液循环，增强抵抗力。在心理层面，太极拳可以使我们从日复一日奔波的疲惫不堪中恢复活力。

下班后，练练太极拳，便可太极拳减缓几分身体劳累。当前，人们生活在一个快节奏的世界中，也都在追求一些速成的事物：两分钟速成的腹肌，五分钟解决的晚饭、十分钟的散步等。太极拳就如同一股清新之风，给人们带来全新感受。

慢下来、深呼吸、与自然沟通、让自己沉静下来，这些都能给我们的身心带来全新的体验。因此，太极拳不仅给人以启迪，还同样趣味十足。

你可能还是不太明白太极拳这一看上去如此温和的运动到底能为你带来什么好处。下面为您作答。太极的拳法是由方法各异、缓慢而连贯的动作组成的。在练习拳法的这一过程中，身体的各个部位不停地运动，但外行人是看不到的。正是因为太极拳这些连续的内在运动，使人体的新陈代谢维持在一个健康的水平。

一次简单的、步频较慢的太极拳式散步可以减缓心律，减轻血压方面的问题。太极拳的慢动作是通过与人体呼吸一致的频率来增强人的呼吸功能的。如果你呼吸呼入量（呼出量）很大的话，你得哮喘以及其他呼吸疾病的概念会很低。

患有关节炎的病人不太愿意活动，因为每一次锻炼都可能受伤；而日益减少的活动量又会使得关节更为无力。这就造成了一种恶性循环。现已表明,太极拳温和圆润的动作有助于减缓关节炎以及其他关节上的病痛。

“种瓜得瓜,种豆得豆。”每个人练习太极拳的进步快慢取决于他将太极拳的原理运用在生活中的多少以及频率。练习太极拳的进步不是连续向上的直线,而是弯弯曲曲的曲线。

当你投入到练习太极拳之中时,你所需要做的就是以下六个字:开始并且坚持。

太极拳加固思维与身体的联系

2005年4月15日

学生们经常向他们的太极拳教师抱怨说他们记不住太极拳的拳法招式。培养记忆的一种方法是集中注意力,这将帮你更好地专注于手边的事。

记忆力给我们无限的安全感。记忆力低下标志着身体健康的衰退和情绪不稳定。

好的记忆力是优势而且依赖于实践。注意力分散是记忆力不好的主要原因。如果你集中注意力,你的记忆力就会提升。在练习太极的过程中,通过集中注意力,练习者能暂时提升记忆力。

然而,害怕犯错误会严重阻碍学习的进程。我频繁地听到太极拳初学者说:“我不想再做错,所以我不想练习了。”事实远非如此。当你独自回顾太极拳的动作时,如果你什么都不做,很可能你记住的比你预想的要多。

在锻炼过程中,腿部会得到锻炼,你将会感到轻松,你的思想能从机械的想法中释放出来,并且将你的思维与身体联系起来。此外,当你熟悉自己动作后,在下节课中,你将会对你的错误更加警觉。如果你不锻炼,你将犯同样的错,锻炼进程将变慢。

如果失败的想法不断地向你传输，就没有建设性和创造性的信息能够被输入。但是，如果你不断地在思想中持有一个明确且有目的的目标，那么你将最终接受这一目标，并且开始产生一定的想法和见解。任何领域实现卓越成就的人都会告诉你，对目标的清楚认识和对愿望的强烈渴望都是成功不可缺少的。

如果你设定了一个高目标，你就必须要为此付出高昂的代价，不能懒惰或者分心。我们大多数人经常给自己找各种借口，"我不擅长这个""我永远不可能像我的同学/兄弟/家长/教师那样做得那么好"，或者就干脆说，"我很笨我做不到"。用自我肯定的想法来代替这些自我否定会帮助你持之以恒地坚定目标，鼓励性暗示有很多，如"我相信我可以"或"哪怕我犯了很严重的错误，也仍旧会有另一个机会来改善提高"。这能让你坚持不懈。

过程比结果更为重要。当我们更强调结果而不是过程时，我们就剥夺了自己成长中的快乐，也降低了我们学习的效率。理想的情况下，我们会产生学习更多、感受更多、见识更多的真实欲求。这在某种程度上会激发我们的热情，最终，我们每个人都会培养出耐心、毅力及健康。我们会变得更快乐，更强大，更有影响力。

良好的教学能够激发出心灵之花

2006年9月28日

我们不是生来就知道如何生活的。知识来源于学习，要使学习过程成为快乐的源泉，教师就要知道"教学是再次学习"。然而要记住，没有完美的教师。

完美教师的理念会对学生形成限制。当学生认为教师是完美的，他们会对教师的错误视而不见，更糟的是，学生不会对教师的行为做出判断，他们会模仿这些错误，认为这是正确的。

最好的方法是学生要意识到教师的错误,并且只效仿教师正确的部分。在我教太极拳时,我发现人们接受批评和建议的承受力比我们想象的要大。

知识是被吸收的,不应强加给学生。学生的内心像花儿一样,露水轻轻落下时,花儿会保持开放,在倾盆大雨中,花儿会闭合。传授知识给一个人时,应该依他的接受能力来教授。

打个比方,教授一个人时,教师要站在他的角度去引导他。他应该有一种渴求知识的状态,一颗充满好奇的心。当他犯错误的时候,教师不要大声责骂他。教师应该从他的起点教起,只有这样才能激发他学习更多。

没有什么要比一个教师看到他的学生比自己进步快更激动人心了。一个教师把自己的技能慷慨地传授给学生,自己的进步也快。与别人分享知识既可以促进自己技能增长和他人成长,又可以提高自身的理解能力。

通过保持距离,教师可以帮助自己和学生更好地看待事物。当学生训练时,教师必须让学生单独一人进行,如果教师在,不利于学生自我提高。

从太极拳的独立练习中获益

2007年4月9日

从练习太极拳中获得的好处之一就是掌握学习的方法。这种方法往往比具体的知识更有价值。准确地来说,这就是为什么东方文化把一件事情的重点放在过程而不是结果。当过程较好地完成后,预想结果会随之而来。

学习太极拳有三个要求,这也决定了学生从学习太极拳中获益的速度。这三个要求是:正确的教学方法、毅力、天赋。在这三个要求中,天赋排第三,而正确的教学方法是最重要的。

太极拳可以让练习者提高平衡能力、反应能力和协调身体,保持头脑冷静,增加耐心，集中注意力，强壮骨骼、肌肉和器官等好处。但首先要做的事情是培养自己锻炼的习惯。教师必须要意识到课堂锻炼不同于学生的独立实践。

通过教导教学，教师引导学生打开知识的大门，而吸收消化知识则取决于学生自己了。除非学生能在自我学习和课堂学习中保持良好的平衡，否则那些益处就很难实现了。

不能自主练习的学生让自己陷入了“双重”失败的风险，他可能觉得“我离我该到达的水准不远了”或者“太极拳没有宣称的那么有效”，这些限制自己的想法阻碍了学习的乐趣，增加了学生放弃这门课程的可能性。

独立练习的好处有很多，不仅可以加深你对太极拳的理解，还能大大提高你的参与度。首先，当你独立练习时，你可以在任何想要停下来的时候停止练习，这在集体活动里几乎是不可能的。其次，你可以以适合你的速度协调你的呼吸与动作，从而加强能量的流动。第三，当你没有任何人可以询问时，你必须自己解决问题，这会让你有更强的独立性。第四，独立练习要求记忆整个运动的顺序，一旦克服记忆障碍，你的思维就能更好地感知动作的复杂和美感，这将让你取得更大的进步。

然而，在集体中练习带来的好处是独立练习中无法得到的。

中国有集体练习太极拳的传统。一个好处是，群体的精力和热情会增加每个人的精力和热情。此外，小组实践活动可以让你有机会来配合其他人的动作、时间和空间。观察别人的动作并区分彼此的差异会让你意识到自己的不足。这个过程会提升你与他人和睦相处的能力。

然而，如果你只能在集体中打太极拳并且需要不断地看教师才能知道接下来的动作，你很难感受到太极拳的好处。

练习太极拳能够有效集中注意力

2008年1月2日

集中注意力对于提升创造力是必要的。当思维开始脱节,最终的思考结果会低于我们的预期。能够真正地集中注意需要极大的毅力。然而,有了坚持和自律,集中注意力就会变得轻而易举,你可以在脑海中保留一种意识或多种想法,而不会感觉注意力被其他事物所扰乱。

未经训练的大脑,在没有意识的控制下很容易会思维涣散。为什么许多人发现很难集中注意力呢? 一个可能的原因就是我们在努力有效地利用时间,同一时间段不止做一件事。因此,当我们试图从一项工作转移到另一项性质并不相同的工作时,我们无法将意识完全转移到另一项工作上。

在这个过程中,我们很有可能得到有价值的想法。专注的目的不是让一个人的想法变得僵硬,而是帮助我们创造性地发挥我们的意识。在每一个节点,我们必须意识到——我们转变原始的任务以及这种转变是否有价值。如果有价值,那么我们应该继续。如果没有,那么我们应该继续当前的任务。

集中注意力不是固定思维,其涉及更高程度的灵活性,能够使得思维过程更加顺畅。太极拳有利于集中注意力。

太极拳缓慢而温和的运动带来的精神上的放松能够帮助你稳定意识,使你的意识从紧张中逃离出来。因为处于轻松状态时,我们更能感知到注意力的集中。

太极拳的动作较为复杂,以至于能够完全占据你的思想。无论你是练习一个小时或是五分钟,都不会让注意力涣散。

然而,只有让你的心理放松并且放弃无关的手头任务,练习太极拳才会有效果。保持思维清晰,不要让思绪扰乱你的神经系统,你要专注于你正在做的事情上。我们很多人不得不忍受集中注意力的苦恼，这可能是由于生活对我们施加过度的压力造成的。无论无法集中注意力的原因是什么，练习太极拳都有助于让你恢复专注。

太极拳能够去除积累的压力

2008年4月3日

太极拳流行的原因是其能够改善不同年龄人的生活，可以逐步提升我们大多数人潜在能力，减少生活造成的压力。

许多人长时间工作，常常没有充足的休息和睡眠。练习太极拳可以让你放松，并且帮助你以更健康的方式处理你的工作。

太极拳是如何做到这些的呢？缺乏休息引起的神经系统劳累会降低你的创造性、思考能力，影响你的准确观察。太极拳通过放松神经，去除积累的压力。

改变内部环境会为你带来解决问题的突发洞察力。我们有时会发现自己处于一种一直都为一个复杂的问题而努力，却不知如何去做才能解决这个问题的处境中。然而，在睡了一个好觉之后，解决办法似乎就莫名其妙地出现了。因此，艺术家和作家经常练习太极拳来提升他们的创造力。

太极拳能对颈部、背部和肩部的肌肉进行彻底拉伸，因此其能缓解你因工作造成的紧张和疼痛。这些疼痛加剧了你对愤怒、挫败和沮丧的敏感度，并且会阻碍你与同事建立积极关系的能力和想法。

通过增加向我们身体传输的氧气量，太极拳增加了血液与能量的循环。当大脑没有得到充足的氧气时，你会觉得很难做决定。而足量的血液和氧气流向大脑时，你能够很轻松地想出新的想法，并且有新的力量来实现你的目标。

30~50岁这个年龄段的人占劳动力人口中最大比例。中年是人生中最艰难同时也是最多产的人生阶段。当你感觉到你有经验和精力去面对生活中的各种挑战时,你的压力也渐渐增大。你对工作和家庭的责任感年复一年在增加。

我们经常忘记的是,在很大程度上我们在体力、精力和创造上都有巨大的潜在能量,其比我们预想的要多得多。通过运动,太极拳挖掘出了这些能量,给予我们迫切需要的自信,使我们能用笑脸来面对不断增长的压力。

太极拳与生命的能量

2015年11月9日

强大的生命力能使一个人充满着生气,警觉性和存在感强;生命力弱会使人迟缓和衰弱。

生命力的概念在世界上很多文化中都存在,在中、日、韩尤为明显。这印证了世界被感知不仅仅是因为具体的物质形态还由于无形的生命力能量。这种生命力能量在印度被叫作“普拉那”,在中国称之为“气”。在文化领域,这种生命力能量的观念是疾病治疗的核心。例如,中医针灸疗法在于平衡能量从而使身体达到健康的状态。

“气” 的概念远远超越人身体本身。这种微妙的能量能够激发人类各项功能,包含情感和思想。“气”不平会使你在情绪上感到焦虑和不安,平衡的“气”会使你情绪平缓,提高你的创造力。

在太极拳中,意识会促进能量的流动。

我相信:能量加才能,你可以成为国王;只有能量而没有才能,你可以成为王子;有才能而没有能量,你可能会是一个乞丐。

坐如钟,动如风

2017年7月7日

深呼吸不仅能令人冷静,让人保持理智,也能极大地增强意识、思想和记忆。瑜伽和太极拳的基本要求是通过深呼吸来确保能量的缓慢转移。

当感到缺乏能量时,我们会本能地打哈欠,保留呼吸和短时间的呼气后进行漫长、缓慢、深深地吸气。

随着人们逐渐意识到练习呼吸的益处,越来越多的人把呼吸当作是生活中不可或缺的部分。但是,很多人都不知道隔膜的作用。隔膜是有弹性且灵活的膜状肌肉,它将胸腔和腹腔分离开来。当肺扩张时,会推动隔膜向下;肺收缩时,隔膜被推动向上。有些人练习呼吸是专门促进氧气的吸收和循环,还有些人是为了让呼吸系统平静或刺激呼吸系统。

在进行不同的呼吸练习之前,要熟悉四种基本姿势:站、坐、卧、走。太极拳教师建议,“站如松,坐如钟,卧如弓,动如风”。

站立是冥想和治疗性呼吸练习的理想姿势。“站如松”是指站立时保持整个脊椎像松树一样挺直。

坐姿有三种:莲花坐、半莲花坐和双足莲花坐。莲花坐(“坐如钟”)是一种非常稳定的坐姿,在这种坐姿下,身体重量能够平稳地落在地上,脊椎在这个坚实的基础上能够直立起来。

生病的人或仅丧失劳动能力适合以卧姿来进行呼吸练习。卧姿分两种,一是仰卧平躺,头部轻轻枕在小枕头上,腿部完全伸展,双臂放在两侧;二是靠右侧卧下,膝盖稍弯曲,右手放在枕头和太阳穴之间,左臂放在身体上侧,这时更多人偏爱的卧姿。在侧卧姿势中,脊柱和腿之间形成平滑曲线,这便是卧如弓。

深呼吸时,行走是最好的康复和治疗方式。一边走路一边正确呼吸能使思想逐渐处于一种高度集中的放松状态,因此,它通常也被称为“行动冥想”。行走使身体、呼吸和思维同步,让你感到灵活轻快,这便是“动如风”。

附录三：太极拳在印度推广现状调查问卷

中文问卷

下面这些问题是关于太极拳的，请回答下面的问题，谢谢配合。

姓名：

第一部分：

1.你的年龄：A.<18　B.18~29　C.30~39　D.40~49　E.>50

2.你的性别：A.女　B.男

3.你的学历：A.小学　B.初中或高中　C.职业学校

D.大学本科　E.硕士或博士

4.你来自印度的哪个邦(或是首都)？

A.安得拉邦　B.比哈尔邦　C.果阿邦　D.古吉拉特邦

E.马哈拉施特拉邦　F.旁遮普邦　G.拉贾斯坦邦　H.锡金

I.泰米尔纳德邦　J.北方邦　K.德里　L.其他

5.你信仰的宗教(可多选):

A.印度教　B.耆那教　C.佛教

D.锡克教　E.伊斯兰教　F.其他

6.你的婚姻状况:

A.单身　B.已婚　C.离异

7.你的健康状况:

A.非常好　B.很好　C.一般　D.不好

8.你现在是否是学生?

A.是　B.不是

9.你现在是否有工作?

A.有　B.没有

10.假如你有工作,请选择你的工作领域:

A.政府部门或隶属于政府的机构　B.工业机构

C.公司、企业　D.教育(文化、医疗、艺术类)领域或研究机构

E.商人　F.服务行业　G.其他

第二部分:

1.你最初是如何接触到太极拳的?

A.媒体(报纸、电影、电视、网络)　B.家人　C.报道或演讲

D.体育课程　E.太极比赛

2.太极拳在印度______。

A.很受欢迎　B.不太受欢迎

C.并不被许多人熟知　D.其他

3.你认为太极拳是一种健身活动吗?

A.是　B.不是

4.你以前练习过太极拳吗？

A.每天　　B.很少

C.一次　　D.从没有

5.你没有练习过太极拳的原因是？(可多选)

A.我不知道哪里可以学习或练习太极拳

B.我没有钱去练习或学习

C.我没有时间去练习

D.我对运动没有任何兴趣

E.我对太极拳不太了解

F.除了练习太极拳还有太多选择(比如瑜伽)

6.假如你没有练习过太极拳,你未来想练习太极拳吗？

A.想　　B.不想　　C.或许吧

7.你多久练习一次太极拳？

A.每天　　B.经常　　C.偶尔

D.几乎很少　　E.从来没有

8.你在哪里练习太极拳？(可多选)

A.大学　　B.训练中心或俱乐部　　C.家

D.孔子学院　　E.其他________　　F.我没有练习过太极拳

9.你如何学习太极拳？(可多选)

A.太极拳课　　B.自学　　C.在指导或监督下练习

D.业余爱好　　E.其他________　　F.我没有练习过太极拳

10.你喜欢太极拳的哪些方面？(可多选)

A.节奏　　B.服装　　C.文化底蕴

D.使人放松　　E.可以调节呼吸

F.可以帮助我了解更多的中国文化

G.防卫目的　　H.治愈疾病　　I.很多乐趣

J.通过练习太极拳结交更多的朋友

11.你参加过太极拳的比赛吗？

A.参加过　　B.没有参加过

12.假如你学过太极拳,你学的是哪个流派的？

A.杨式　　B.陈式　　C.吴式

D.孙式　　E.简化的太极拳　　F.我没有学过太极拳

13.你学习过多少个太极拳动作？

A.1~8　　B.9~16　　C.17~24

D.25~32　　E.超过32个　　F.我没有学过太极拳

14.用3~5个词语来描述一下太极拳或中国功夫(武术)：

____

英文问卷

This is a questionnaire about Taichi Quan (shadowboxing) in India. The following questions are about Taichi Quan. Please answer them in English. Thanks for the cooperation.

Pant One

1.Name or Signature please: [Gap filling]

____

2.Your Email: [Gap filling]

____

3.Your age:

○ A.<18yrs ○ B.18~29yrs ○ C.30~39yrs ○ D.40~49yrs ○ E.>50yrs

4.Your gender:

○ M ○ F

5.Education background:

○ A.Primary school ○ B.Junior high school or High school

○ C.Vocational school ○ D.Bachelor Degree ○ E.Master or PhD

6.From which state(or the Capital) of India:

○ A.Andhra Pradesh ○ B.Bihar ○ C.Goa

○ D.Gujarat ○ E. Maharashtra

○ F.Punjab ○ G.Rajasthan ○ H.Sikkim

○ I.Tamil Nadu ○ J.Uttar Pradesh ○ K.Delhi (Capital)

○ L.Others ______________

7.Religion：[Multiple Choice]

○ A.Hinduism ○ B.Jainism ○ C.Buddhism

○ D.Sikhism ○ E.Mohamcnedanism ○ F.Others___________

8.Marital Status:

○ A.Single ○ B.Married ○ C.Divorced

9.Health State:

○ A.Very Good ○ B.Good ○ C.Not bad ○ D.Bad

10.Are you a student now?

○ A.Yes ○ B.No

11.Do you have a job currently?

○ A.Yes ○ B.No

12.If you have a job, please choose your working field.

○ A.Government departments or Government-affiliated Institutions

○ B.Industrial Institutions

○ C.Company

○ D.Education(Culture, Medical, Art) Field, Research Institution

○ E.Businessman

○ F.Service Industry

○ G.Others ___________________

Pant Two

1.How do you know Taichi Quan for the first time?

○ A.from media (newspaper, movie, TV, website)

○ B.from family members ○ C.Report or lecture

○ D.Sports course ○ E.Taichi Quan competition

2. Taichi Quan is ___________ in India.

○ A.very popular ○ B.not popular

○ C.not known by many people ○ D.others _________________

3. Do you think Taichi Quan belong to fitness exercise?

○ A.Yes ○ B.No

4. Have you practiced Taichi Quan before?

○ A.Every day ○ B.Very few times ○ C.Once ○ D.Never

5. I haven't practiced Taichi Quan. What is the reason for it? [Muctiple choice]

□ A.I don't know where to lean or practice Taichi Quan.

□ B.I don't have money to practice it.

□ C.I don't have time to practice it.

□ D.I have no interest in any sport.

□ E.I don't know much about Taichi Quan.

□ F.Too many choices (like Yoga) except practicinging Taichi Quan.

6. If you haven't practiced Taichi Quan, do you want to learn it in the future?

○ A.Yes ○ B.No ○ C. Maybe

7. How often do you practice Taichi Quan?

○ A.Everyday ○ B.Always ○ C.Not that often

○ D.Very few times ○ E.Never

8. Where do you practice Taichi Quan? [Multiple Choices]

○ A.University ○ B.Training Center or Club

○ C. Home ○ D.Confucius Institute

○ E.Others ________________ ○ F.I haven't practiced Tachi Quan before

9. How do you learn Taichi Quan? [Multiple choice]

○ A.Taichi Quan fitness class ○ B.Self-study

○ C.Under supervision or guidance ○ D.Hobby

○ E.Others ________________ ○ F.I haven't practiced Tachi Quan

10. Which aspect of Taichi Quan do you like? [Muctiple choice]

○ A.Rhythm ○ B.Costume

○ C.Cultural connotation ○ D.Relaxing

○ E.It can regulate respination

○ F.It helps me to understand more of Chinese culture

○ G.Defensive purpose ○ H. Cure diseases

○ I. Full of fun

○ J. Know more friends through practicing it.

11. Have you attended Taichi Quan tournament?

○ A.Yes ○ B.No

12. If you learned Taichi Quan before, which style you learned? [Multiple choice]

○ A.Yang style ○ B.Chen style

○ C.Wu style ○ D.Sun style

○ E.Simplified style ○ F.I haven't learned Tachi Quan before

13. How many Taichi Quan movements did you learn?

○ A.1~8 ○ B.9~16

○ C.17~24 ○ D.25~32

○ E.above 32 ○ F.I haven't learned before

14. Use 3-5 words to describe Taichi Quan or Chinese Kungfu (Martial Arts):

____

附录四:作者相关成果列表

书籍:

1.门薇薇、孟昭毅:《南亚纪行》,哈尔滨地图出版社2015年版。

2.参编《中国东方文学翻译史》昆仑出版社2014年版。

期刊:

1.《中世纪时期茶文化的西传与丝绸之路研究》,《福建茶叶》2018年第8期,第411页。

2.《媒介融合下太极拳在印度的传播路径》,《魅力中国》2016年第10期,第156页。

3.《在奔跑中追寻简单的快乐》,《少年文摘》2015年第7期,第18—19页。

4.《动物的天堂》,《世界文化》2015年第4期,第52页。

5.《孟买"千人洗衣场"》,《意林文汇》2015年第1期,第37页。

6.《卡塔卡利舞的古典美》,《世界文化》2014年第12期,第42—43页。

7.《追寻〈罗摩衍那〉》,《世界文化》2014第8期,第23—25页。

8.《舌尖上的印度》,《世界文化》2014年第2期,第46—49页。

9.《通向极乐世界的阶梯》,《世界文化》2013年第12期,第40—42页。

人文社科研究项目:

课题研究(2014.9—今,近五年)

担任课题负责人：

1.基于“翻转课堂”的大学英语自主学习教学模式研究，天津体育学院教育教学研究课题，课题负责人。(2014.6—2015.10)。

2.中华优秀文化有机融入高校英语教学的研究，天津市教育系统调研课题(201757097)，课题负责人。(2017.4—2018.1)。

3.太极拳在印度的传播研究，天津市哲学社会科学规划基金项目一般项目(TJTY15-015)，课题负责人。(2015.10—2019.4)。鉴定结果：A

4.慕课平台下体育院校大学英语PBL教学模式研究，天津体育学院教育教学研究课一般课题(20190201)，课题负责人。(在研，2019.10—今)

参与的项目：

1.论林语堂对中国传统文化的海外建构与传播，教育部人文社科青年基金项目(10TJC751048)，第一参与人。(2010.11—2014.12)。

2.体育类院校英语专业人才培养目标及实现路径的探索与研究——以天津体育学院为例，天津体育学院教育教学研究课题，第三参与人。(2015.12—2017.3)

3.制度变迁视野下的学校体育政策研究，2017年度市教委科研计划认定项目，第三参与人。(在研)

4.改革开放40年来我国学校体育政策研究，天津市人文社科项目，第一参与人。(在研)

参与会议：

1.2017 国际体育历史与文化学术大会，发言题目：Research on the Contemporary Development Strategy and Its Realization Path of Traditional Wushu(传统武术的当代发展策略及其实现路径研究)，地点：安徽芜湖，时间：2017年10月20—22日。

2.中国南亚学会年会，地点：北京，时间：2016年11月14—15日。

3.北京大学南亚论坛第21讲,主题:从中印文明共鸣到中印命运共同体,地点:北京大学,时间:2016年4月24日。

4.北京大学南亚研究中心、中国非通用语教学研究会、首届南亚语种教学与区域国别研究研讨会,地点:北京大学,时间:2015年11月27—29日。

5.第十届全国体育科学大会墙报交流:《印度吠陀时代体育发展研究》,地点:浙江大学紫金港校区,时间:2015年11月5—9日。

6.21世纪东方文化论坛首届国际学术会议研讨会,地点:北京大学,时间:2015年6月6日—8日。

鸣　　谢

本书在撰写过程中得到天津体育学院体育文化研究中心和天津市社科规划项目基金(TJTY15-015)的资助。

感谢孟昭毅教授引领我进入南亚研究的大门,使我能够和其他同门师哥师姐四次去印度进行文化考察。考察历时四个多月,我们共走访30多个印度城市。孟教授作为我的博士生导师,引领我走上科学研究和学术研究之路,让我在心智上由懵懂而渐趋成熟。和蔼如慈父的孟教授始终关心我的工作、学习乃至生活,老师的期望是我成长和进步的不竭动力。

感谢知名华人学者谭中教授给予我的宝贵建议。谭中教授毕生继承父志,其父亲谭云山有“现代玄奘”之称。谭中教授从事促进中印友谊的相关事业,荣获印度政府颁发的二等莲花奖,是继季羡林后获此奖的第二位中国学者。他还获得泰戈尔创办的印度国际大学最高荣誉学位,是继周恩来、谭云山、巫白慧后得此荣誉的第四位中国人。我在北京大学讲座中和谭老相识,在了解我喜爱太极拳并多次赴印度考察后,谭老微笑着与我交流、讨论,让我感受到了师者的无私、学者的谦和、大气与对知识的执着。

感谢国家体育总局体育文化发展中心主任崔乐泉教授的不断引领和鼓励,以及对本文提出的具有启示意义的宝贵建议。

感谢北京大学博士生导师魏丽明教授的帮助,让我与印度高校和当地教师、学生取得联系，才使后续一系列工作得以开展。与魏教授在北京大学里交谈，每次都令我获得很多启迪。

曾获得印度总统穆克吉颁授的“杰出印度学家奖”的深圳大学郁龙余教授以宽广的学术视野、严谨的治学态度感染、督促、引导着我进行南亚方面学术的研究，更要感谢郁教授对于我关于南亚文化文章的不断肯定。

感谢天津体育学院杨珍教授，使得出版此书成为可能，同门师姐的关怀、鞭策是我不断努力、早日完成此书的动力。

感谢Kishore帮我将调查问卷翻译成孟加拉语，并热心联系印度东部地区的院校。

感谢孟买大学孔子学院中方院长雷鸣、原中央电视台驻孟买记者黎旻、中印学院院长唐汉明，感谢他们的热情帮助，让我有机会能够与印度学校、印度太极名师取得联系，并且获得至关重要的研究资料。

感谢深圳大学印度文化研究中心朱璇教授、印度贾瓦哈拉尔尼赫鲁大学中国和东亚研究中心的助理教授孟秋琳帮助开展具体的研究工作。

感谢天津体育学院研究生李哲，本科生何静茹、江凌昊，北京大学亚非系印地语专业的学生潘阿媛、丽文。此书中相关资料整理、文字校对、翻译等方面工作的顺利完成，和他们的协助密不可分。

最后，要感谢家人的理解、鼓励，他们在生活上、精神上为我提供了最有力的支撑。

由于时间仓促和内容的驳杂，加上本人才疏学浅，本书讹误在所难免，敬请专家和广大读者批评指正。